Albert Cohn

Ungedrucktes

Zum Druck befördert

Albert Cohn

Ungedrucktes
Zum Druck befördert

ISBN/EAN: 9783744706025

Hergestellt in Europa, USA, Kanada, Australien, Japan

Cover: Foto ©ninafisch / pixelio.de

Weitere Bücher finden Sie auf **www.hansebooks.com**

Ungedrucktes

Zum Druck befördert

von

Albert Cohn

———— -

Berlin
Albert Cohn
1878

Die Mehrzahl der hier folgenden, theils gar nicht, theils nur in verstümmelter Gestalt bekannten Briefe und Gedichte gehörte der berühmten vom Consul Herrn J. H. W. Wagener hinterlassenen und in Berlin soeben versteigerten Autographen= sammlung an.

Die Briefe Schiller's, seiner Frau und seiner Eltern, sowie den Brief Goethe's an Schiller habe ich bereits in der Deutschen Rundschau, März 1878, veröffentlicht; die dort hinzugefügten Nach= weise konnte ich in gegenwärtigem Abdruck mehrfach berichtigen und ergänzen. Alle übrigen Stücke der kleinen Sammlung erscheinen hier zum erstenmal.

Wie bereits angedeutet, entstammen nicht die sämmtlichen hier mitgetheilten Stücke der genannten Quelle. Die von Schiller, Kant und Jean Paul an Friedr. Heinr. Jacobi gerichteten Briefe sind Bestandtheile meiner eigenen Sammlung, und von den Briefen Goethe's besitzt die Nummern 2, 4, 6 und 7 das British Museum, woselbst ich sie im Juli 1877 abschrieb.

Drei der Briefe Schiller's an Jacobi wurden bereits im Auserlesenen Briefwechsel Jacobi's, 2 Bände, Leipzig 1825—1827, jedoch sehr un= vollständig und ungenau veröffentlicht, dagegen erscheint der Brief an Jacobi vom 5. Oct. 1795 hier zum erstenmal. Man hat nun vier von den fünf in Schiller's Kalender notirten Briefen an Jacobi; der noch fehlende ist vom 31. Aug. 1795 — möchte die gegenwärtige Publication auch ihn an die Oeffentlichkeit hervorlocken!

Berlin, März 1878.

Inhalt.

— VI —

Schiller

1. An L. F. Huber.

4 Seiten in 4.

Weimar d. 14. Sept. 1787.

Nichts, mein lieber, hätte mir angenehmer seyn können als die Nachrichten von Deiner Zufrieden=heit, Deinen Fortschritten, Deiner Thätigkeit — und darinn bin ich ganz mit Dir einig daß ein Zurückbleiben hinter Deinen gefaßten idealischen Erwartungen Dich keineswegs niederschlagen darf. Nach und nach wirst Du die Beschäftigung lieb=gewinnen, jeder Tag wird Dich mit einem reellen Zuwachs von Ideen und Stärke Deines Genies bereichern, das Gelingen wird Deinen Muth er=heben und kleinere Neigungen werden endlich von einer männlichen Selbstherrschaft und einer zweck=mäßigen Richtung Deines Geistes verdrungen seyn.

1*

Was ich Dir neulich geschrieben habe ist jezt noch meine völlige Überzeugung, Trübsinn wie Du mehnst hat keinen Antheil daran gehabt. Die Unruhe die Du an mir wahrgenommen haben wolltest war ein tiefes Aufregen meiner ganzen Seele, welches einem gründlichen Entschlusse vorangehen mußte. Jezt bin ich ruhig durch die Versicherung meiner selbst, durch den Glauben an die zureichende Kraft meines Wesens.

Der heftigen Erschütterung die meine Seele in diesem Zeitraum ausgestanden hat die alle ihre Kräfte in ihren Tiefen bewegte, konnte mein Körper nicht ganz gewachsen seyn. Ich fühle meine Ge= sundheit angegriffen, und mein zerrütteter Kopf schreibt meinem guten Willen eine sehr enge Gränze vor. Aber hier prüfe ich zugleich die gründliche Stärke meines neuen Glaubens, denn selbst in dieser hypochondrischen Verfinsterung verläßt mich mein Muth nicht.

Hier habe ich wenig Freuden, die von außen in meine Seele kommen, also auch wenig Zer= streuungen, die mich in Versuchung führen könnten. Hätte ich keine dringende Geschäfte so würden mir vielleicht einige der hiesigen Menschen etwas seyn, d. h. ich würde in ihrem Umgange Nahrung finden können. Aber für die wenigen Minuten die ich erübrige und wo meine abgemattete Seele nach Ruhe sich sehnt, sind sie mir nichts. Das sind Instrumente die erst nach langem Greiffen und Spielen in Gang zu bringen sind. Diese ganze Woche habe ich außer Charlotten[1]) beinahe niemand gesehen. Am vorigen Sontag war ich zu Bertuch zu einem sehr weitläuftigen Soupeer geladen wo ich mich unter einer höchst abgeschmackten Menschen= klasse, den Räthen und Räthinnen von Weimar, sehr übel berathen fand. In einer solchen Dürre des Geistes war Bertuch für mich ein wohllhuendes Wesen und das ist viel gesagt. Aber ich kann Dir versichern, daß unter allen hiesigen Menschen Bertuch mir noch beinahe der liebste ist, weil ich mich über gewiße Dinge bei ihm schon zum Vor= aus resigniere und alles finde was ich bei ihm suche. Nächst ihm gefällt mir Bode noch ziemlich, aber ich traue ihm eben so wenig. Herder würde mir von allen der liebste seyn, wenn Herder aus

---

[1]) Charlotte v. Kalb.

sich heraustreten könnte um der Freund eines Freunds zu seyn. Beim ersten Anblicke und vollends bei einem warmen Gespräch ist es der liebenswürdigste Mensch unter dem Himmel. Dein ganzes Herz will ihm entgegen fliegen aber man sagt daß er es immer wieder zurückzuwerfen weiß. Von den übrigen Menschen sind[1]) mir der Kamerrath Riedel der Instruktor des Erbprinzen und Hofmedicus Huf=land, ein Vetter des Jenaischen, noch die liebsten. Lezterer besucht mich und sein Umgang thut mir wol. Es ist ein gar guter Mensch. Voigt hat zuviel Geschäfte um von mir[2]) genossen werden zu können. Bei der Schrödern[3]) war ich diese Woche einmal. Sie ist gar nichts mehr und schwer=lich jemals was gewesen. Doch in einem freund=schaftlichen Umgang kann man sie leiden um bei ihr einzuschlafen.

Im Stern[4]) habe ich mich indeßen oft herum=getrieben. Ich war anfangs neugierig auf die

---

[1]) Für „sind" ist, durchstrichen.
[2]) Für „von mir" für mich, durchstrichen.
[3]) Corona Schröter.
[4]) Die ersten Anlagen des Weimar'schen Parkes.

regierende Herzogin und ihr zu gefallen gieng ich manchmal dahin, weil ich wußte daß ich ihr begegnete. Das geschah auch mehrmals wenn sie mit Charlotten spazieren gieng. Sie hat eine edle ansehnliche Figur, ist aber von Gesichte gar nicht schön. Man sagt daß sie ein edles Geschöpf sey, aber sie ist kalt und viele halten sie für stolz. Daß ich mich ihr nicht vorstellen lasse wirst Du sehr billigen, wenn ich Dir sage, daß es nicht erwartet wird. Es ohne das zu thun, da ich keine Garderobe habe nach Hof zu gehen, da ich für diese Welt gar nicht gemacht bin, da ich als ein unbedeutender bürgerlicher Mensch unter dem Adel doch eine sehr precaire Rolle spielen müßte, die meinem Stolze weh thun würde und da ich sie nie anders als in einer Theegesellschaft und niemals allein sprechen kann, würde sehr lächerlich seyn.

Beck [1]) hat mir diese Tage geschrieben und Nachricht gegeben daß offne Fehde [2]) **sehr** gefallen habe.

---

[1]) Schauspieler, in Mannheim.
[2]) Offene Fehde, ein Lustspiel in drei Aufzügen, nach dem Franz. von L. F. Huber. Mannheim, 1788.

Jetzt schreibt er würde auch Deiner guten Mutter [1])
gedacht werden. -Ueber den Carlos erwarte ich
täglich eine Antwort von Dalberg. Er hat ihn
seit 14 Tagen. Manhard [2]) aus München kann
den Carlos nicht nehmen und offene Fehde hat er
schon. Wer weiß ob es nicht gar Deine Über=
setzung ist. Auf Michaelis können die Verschwörun=
gen [3]) freilich nicht fertig werden aber auf Neujahr
gewiß. Ende Octobers bin ich fertig mit den
Niederlanden [4]). An Crusius [5]) mag ich nicht ehr
schreiben biß ich ihm einen Transport Mscrpt schicken

[1]) Ein Stück dieses Namens von Huber ist nicht be=
kannt, blieb also wohl ungedruckt.

[2]) Schauspieldirector.

[3]) Geschichte der merkwürdigsten Rebellionen und
Verschwörungen, herausgeg. von Friedr. Schiller. Erster
Band. Leipzig, Crusius. 1788. — Für „Verschwörungen"
Niederlande, ausgestrichen.

[4]) Geschichte des Abfalls der Vereinigten Niederlande
von der Spanischen Regierung, herausg. von Friedr.
Schiller. Erster Band. Leipzig, Crusius. 1788. — Die
Vorrede ist unterzeichnet: Weimar, in der Michaelismesse
1788. — C. F. Schiller. In demselben Jahre erschien
eine zweite Ausgabe.

[5]) Siegfried Lebrecht Crusius in Leipzig, Schiller's
Verleger.

kann. Der Carlos ist in Hamburg gegeben [1]) aber ich weiß es nur von Hörensagen und auch nicht wie er ausgefallen ist. Erfährst Du etwas so laß michs wissen. Bertuch sagt mir Göschen würde dieser Tage hierherkommen. Es sind ihm 6 von seinen neuen Verlagsschriften nachgedruckt worden. Grüße Körners tausendmal. Ich werde ihm kommenden Donnerstag schreiben. Den Brief der nach Meinungen geschickt war habe ich richtig er= halten.

Und Du mein Bester lebewol und behalte mich lieb. Charlotte grüßt [2]) euch tausendmal.

Ewig der Deinige

Schiller.

Es ist nicht leicht, hinter die Ursachen zu kom= men, die der Stimmung dieses Briefes zu Grunde liegen. — Schiller war am 21. Juli 1787 nach

---

[1]) Carlos wurde am 29. August in Hamburg auf= geführt, Schröder spielte den Carlos; dies war die erste Aufführung des Stückes. Am 14. Sept., dem Datum unseres Briefes, folgte die Aufführung in Leipzig.

[2]) Für „grüßt" sagt, durchstrichen.

Weimar gekommen, am 23. schrieb er an Körner, dann folgen noch 10 Briefe an denselben bis 10. Sept. Am 1. Aug. schrieb er an seine Schwester Christophine nach Meiningen, am 28. Aug. an Huber. Von dichterischen Producten, die in die zwei ersten Monate des Aufenthaltes in Weimar fielen, ist nichts bekannt, wenn nicht etwa das kleine Gedicht an Caroline Schmidt, welches Schiller in ein ihr überreichtes Exemplar des D. Carlos schrieb, in diese Zeit gehört. Aus keiner dieser Quellen fließt der gewünschte Aufschluß. Der im Eingange erwähnte frühere Brief an Huber wird der vom 28. Aug. sein. Huber's Antwort darauf, an die sich unser Brief anreiht, ist nicht bekannt.

Obgleich also auf Vermuthungen angewiesen, wird man schwerlich fehlgehen, wenn man die düstere Stimmung, in der wir den Dichter hier antreffen, nicht ausschließlich auf Rechnung jener Selbstschau setzt, zu welcher er sich in dem Briefe an Huber vom 28. Aug. bekennt; vielmehr scheinen die Beziehungen zu Charlotte von Kalb einen starken Antheil daran zu haben. Das damalige Verhält= niß Beider zu einander ist bekannt. Charlotte hatte dem Dichter in Mannheim ihre glühende Leiden= schaft gestanden, Schiller aber, obwol ganz in den Fesseln dieser feurigen Seele, hatte sich gewaltsam losgerissen, denn Charlotte war bereits Frau von

Kalb, und ihn trieb das Bewußtsein seines Dichter=
berufes. Was aber der Entschluß ihn gekostet,
wissen wir aus dem damals entstandenen Gedicht
„Freigeistere der Liebe" und aus dem Brief an
Körner vom 10. Febr. 1785. Auf Mannheim
folgten Leipzig und Dresden, und die vorüber=
gehende Leidenschaft für Henr. von Arnim. Nach
mehr als zweijähriger Trennung sah der Dichter
nun Charlotten in Weimar wieder — wie tief
Beide erregt waren, sieht man aus den Briefen
an Körner. Charlotte plante die Trennung von
ihrem Mann, und daß auch Schiller an eine Hei=
rath mit ihr dachte, wissen wir aus dem Briefe
seiner Schwägerin, Karol. von Beulwitz, an ihn
vom 9. Nov. 1789: „Sie (die Kalb) dauert mich),
aber nach allen Bildern die ich von ihr fasse, danke
ich dem Himmel daß sie Deine Frau nicht wird,
und nicht allein für mich" u. s. w. Noch aber
arbeitete er an einer „Vereinigung" mit ihr in
Dresden, wohin er zurückzukehren beabsichtigte.
Schon 2 Tage nach seiner Ankunft in Weimar,
23. Juli, schreibt er: „Herr v. Kalb und sein
Bruder werden im September eintreffen und Char=
lotte hat alle Hoffnung daß unsere Vereinigung
im October zu Stande kommen wird", und am
8. Aug.: „aber noch genießen wir uns nicht in
einem zweckmäßigen Lebensplan, wie ich mir ver=

sprochen hatte. Alles ist nur Zurüstung für die
Zukunft. Jetzt erwarte ich mit Ungeduld eine Ant=
wort von ihrem Manne auf einen wichtigen Brief
den ich ihm geschrieben". Herrn von Kalb's Ant=
wort würde uns vielleicht den gewünschten Auf=
schluß liefern, leider ist sie nicht vorhanden. —
Die Trennung Charlottens von ihrem Mann kam
nicht zu Stande, der Dresdener Plan wurde auf=
gegeben. Am 6. Oct. schreibt Schiller an Körner:
"Charlottens Verfassung ist noch dieselbe wie ich
hieher kam — warum wär ich also hier gewesen?
Ich bin der Reflexionen darüber so müde gewor=
den, daß ich dieser Materie aus dem Wege gehe".
Herr von Kalb kam im December, nachdem Schiller
schon in Rudolstadt die Bekanntschaft der Lenge=
felds gemacht hatte, und doch bricht die Eifersucht
auf Kalb in einem Briefe an Körner, 8. December,
hervor: "Ich weiß nicht ob die Gegenwart des
Mannes mich laßen wird, wie ich bin. Ich fühle
in mir schon einige Veränderung die weiter gehen
kann".

Die Verstimmung über die Weimar'sche Ge=
sellschaft, wie sie sich in unserem Briefe ausdrückt,
findet ihre Erklärung theils in diesen, theils in
anderen Kämpfen, die Schiller zur Zeit zu bestehen
hatte. Den Hauptantheil wird Wieland's plötz=
liche Veränderung gegen ihn daran haben. So

erfreut wir den Dichter über Wieland's Entgegen=
kommen sehen, so verletzt finden wir ihn, als
dieser sich, in Folge der Aeußerungen Gotter's
über Schiller und den D. Carlos bei der Her=
zogin Amalie, von ihm abgewandt hatte, und kaum
ist er mit Wieland wieder ausgesöhnt, als auch
die hier so bitter beurtheilten Persönlichkeiten ihm
in ganz anderem Lichte erscheinen. „Lauter Men=
schen", schreibt er an Körner am 14. Oct., da
er ihn bestimmen möchte, nach Weimar zu über=
siedeln, „wie man sie an einem Ort nie beisammen
findet, sie müßten einen recht schönen Hintergrund
zu unserer Freundschaft abgeben". Dieser Brief
an Körner kann überhaupt als Widerruf der im
Unmuth gefällten Urtheile vom 14. Sept. gelten.
In einer tiefen Verstimmung spricht sich Schiller
hier auch über Corona Schröter in einer Weise aus,
die mit den Zeugnissen der Zeitgenossen im ent=
schiedensten Widerspruch steht, aber einen Monat
später, wie um ein ihr zugefügtes Unrecht gut zu
machen, schreibt er an Körner: „Die Schröder hat
Charlotten und mir die Iphigenia nach Goethe's
erstem Manuscript wie es hier gespielt wurde, vor=
gelesen. Die Schröder liest gut, sehr gut, weit
weniger gezwungen als Gotter, mit Affect und
richtiger Auseinandersetzung. Als ich sie lesen sah
und hörte wurde die Erinnerung jener Zeit in

mir lebendig, wo sie dasselbe in ihrer Blüthe ge=
than haben soll. Sie war mir dadurch inter=
essanter, das kannst Du leicht denken. Wir sehen
einander jetzt oft, fast drei= bis viermal die Woche;
sie ist doch eigentlich eine von unseren behaglichsten
Bekanntschaften" — und wie um ein= für allemal
mit jener Misanthropie zu brechen: „Meine Laune
ist seit einiger Zeit sehr g l e i c h f ö r m i g, ruhig
und behaglich. Ich kann nicht leugnen daß ich sehr
wohl zufrieden bin, seitdem finde ich daß in u n s
s e l b s t die Quelle der Schwermuth und Fröhlich=
keit ist. Seit ich mit mir selbst mehr einig bin
finde ich auch außer mir mehr Freude".

2. An Goeschen.

4 Seiten in 8.

Weimar d. 17. Jenner 89.
(Von Goeschen's Hand: empfangen b. 21. do.)

Dank Ihnen liebster Freund für das neulich
überschickte. Da die Dukaten hier zu 3 ℳ. stehen,
so muß einer schon sehr leicht seyn, den ich nicht
zu Leipziger Courant ausbringen kann. Auch mit

den übersandten Büchern haben Sie mir großes
Vergnügen gemacht. Jakobis schönes Produkt
kannte ich zum Theile schon; es ist sanft und zart,
wie seine Seele. In diesem jungen Schriftsteller,
dem Verfasser des Cleomenes haben Sie in Wahr=
heit eine Eroberung gemacht, und ich stimme von
ganzem Herzen in die Erwartungen ein, die Sie
sich von ihm bilden und bald wird das gelehrte
deutsche Publikum unser Urtheil bestätigen.

Beide Produkte, Cleomenes aber besonders ver=
rathen einen gedankenreichen, gefühlvollen mehr
sanften als feurigen Dichter, von dem man sich
sehr sehr viel versprechen kann, wenn er vollends
gelernt haben wird, mit wenigem viel zu sagen,
vieles zu unterdrücken und zu streichen und
sich des voltairischen Ausspruchs fleißig erinnern
wird, daß man niemals alles sagen soll. In
der That ist die Weitschweifigkeit seiner Details
mein größter Anstoß gewesen, wiewohl ich gestehen
muß, daß diese Weitschweifigkeit bey ihm mehr
die Folge eines innern Reichthums, als ein Mangel
ist. Starke Leidenschaftliche Schilderungen scheinen
ihm nicht gelingen zu wollen, und ich wünsche ihm

(weil ich ihm in der That gutes wünsche) daß er diese Stimme des Genius nicht verkennen, und sich in diesem Fache nicht in Gesahr setzen möchte. Aber zum dramatischen Dichter hat er bereits einen biegsamen gefälligen Dialog, schöne Auswahl der Situationen und Coups de Théatre, und eine reiche, freilich jetzt noch etwas grelle Karakteristik. Aber gewiß von allen unsern jungen dramatischen Dichtern darf kein einziger mit ihm concurrieren, und der Weg den er gegangen ist, das Studium der Kunst in den Griechen, muß ihn bey diesen Talenten und ihrem richtigen Gebrauch gewiß endlich zum Vortrefflichen führen.

Ich schreibe Ihnen hier viel über diesen jungen Mann, aber ich gestehe er hat mich interressiert und es sollte mir wehe thun, wenn unser vielköpfigtes Ungeheuer Publikum ihn verkennen sollte. Doch nehme er seinen Muth und seine Critik aus seinem eigenen Kopf und Herzen, und nicht aus dem Urtheil der Menge, unsrer Recensenten und Studenten!

Die Fortsetzung des Sehers[1]) für das sechste

---

[1]) Geistersehers.

Heft der Th.[1]) sende ich Ihnen hier, und auf den
nächsten Donnerstag droht Ihnen noch ein großes
Gewitter von Mscrpt. Ich muß mich selbst loben,
ich war in meinem Leben nie so fleißig wie jetzt,
Clubb, Comödie, alles wird hintangesetzt, um Geister
zu sehen.

Leben Sie wohl liebster und küssen mir Ihr
Jettchen recht herzlich. Nächstens schreibe ich Ihnen
auch eine kleine Neuigkeit von mir. Adieu.

Ewig der Ihrige

Friedr. Schiller.

Der Brief fehlt bei Goedeke, Geschäftsbriefe
Schiller's, wo er seinen Platz nach Nr. 43 vom
21. Dec. 1788 gefunden haben würde. Am 17. Jan.
schrieb Schiller auch an Körner.

Was Schiller hier über den „jungen Schrift=
steller, den Verfasser des Cleomenes" sagt, bezieht
sich nicht auf den unmittelbar vorher genannten
Jacobi, wie in der Rundschau von mir angenommen,
sondern auf den in über 150 Bänden auf die
Nachwelt gekommenen August Lafontaine, den Schö=
pfer des weinerlichen Familienromans, der auch
unter dem Pseudonym Miltenberg schrieb. Kleomenes

------

[1]) Thalia.

ist der zweite Theil seiner „Scenen", 1789 bei
Goeschen erschienen, der erste Theil: Die Befreyung
Roms in Dialogen, erschien 1788 ebendaselbst. Am
5. Feb. 1789 schreibt Schiller an Karoline von
Beulwiz: „Sehen Sie beiliegendes Buch an, es ist
von einem jungen angehenden Schriftsteller, aus
dem gewiß noch etwas Gutes wird. Schon viel
Bildung in der Sprache, ein fließender Dialog, sanfte
Empfindungen, vorzüglich in Kleomenes, freilich bei
vielen Schlacken!" Schiller und Lotte, p. 238.
Ebendas. p. 247 spricht sich Lotte über die Befrei=
ung Roms aus, und ihre Meinung über Kleomenes
findet man bei Urlichs, Briefe an Schiller, p. 71.

„Jacobi's schönes Produkt" ist Joh. Georg
Jacobi's Phädon und Naide, oder der redende Baum,
ein Singspiel, 1788 erschienen. Schiller sandte es
am 26. Jan. 1789 an Lotte, und am 8. Feb.
schreibt diese ihm: „Das Singspiel von Jacobi
hat mich gefreut, der Ton ist sanft und gefällig:
was Phädon, und die Priesterin zulezt, über die
Götter sagen und wie sie Naiden beruhigen hat
mir gefallen." [1] Schiller und Lotte, p. 223 u. 243.

---

[1] So lautet, nach gefl. Mittheilung des Herrn Dr.
W. Fielitz der authentische Text, und nicht wie in dem
gedruckten Briefwechsel, wo statt Phädon „Phädra" und
statt Naiden „wieder" zu lesen ist. Herrn Dr. Fielitz ver=
danke ich auch den obigen Nachweis über Aug. Lafontaine.

Die „kleine Neuigkeit", welche am Schluß des Briefes verheißen wird, ist die Berufung zur Professur in Jena, die wenige Tage vor dem Datum dieses Briefes erfolgt war.

3. An Goeschen.

2 Seiten in 4.

Jena den 11. Febr. 91.

(Von Goeschen's Hand: empfg. den 14. do.)

Herzlichen Dank theurer Freund, für Ihren liebevollen Antheil an meinem Schicksal und dreifachen Dank der gütigen Vorsicht, daß sie mich die Liebe meiner Freunde noch selbst genießen, mich noch selbst dafür danken läßt. Ich fange an mich aus dem kranken Zustand herauszuwinden aber mit ziemlich langsamen Schritten, weil der Anfall zu heftig war, und Krankheit und Kur mich äuserst erschöpften. Dieser Brustzufall entdeckte mir übrigens wie sehr ich meine Lunge zu schonen habe, und ich fürchte sehr, daß er auf meine hiesige Lage Einfluß haben wird. Das Collegienlesen ist eine zu gefährliche Bestimmung für mich, meiner Gesundheit wegen, und da Gesundheit doch überall vorgeht, so könnte es leicht kommen, daß ich mir diesen academischen Beruf untersagen müßte.

2*

Sie waren so gütig, liebster Freund, meine Zudringlichkeit mit dem Wechsel freundlich aufzunehmen, wofür ich Ihnen verbindlich danke. Wenige Wochen noch und ich kann ernstlich an die Fortsetzung des 30jährigen Kriegs. Ich werde dießmal in der Ausarbeitung um so weniger gestört seyn, da ich, meiner Brust wegen sowohl diesen Rest vom Winter als den ganzen Sommer gar kein Collegium lese, also ganz Herr meiner Zeit bin.

Da Sie, liebster Freund, mit dem Wechsel so gefällig gegen mich waren, so ermuntert mich das zu einer zweyten Bitte, deren Erfüllung mir meiner Gesundheit wegen wichtig ist. Mein Arzt will durchaus, daß ich diesen Winter nie ohne Pelz ausgehe und noch besitze ich keinen. In Leipzig, vermuthe ich, kann ich am besten dazu gelangen, und Sie sind wohl so gut, dieß zu besorgen. Am liebsten ist mir Fuchs, weil ich ihn weder zu gut noch zu schlecht haben möchte, doch gebe ich Ihnen Freyheit, wenn Sie einen schönen finden, sich nach Ihrem Geschmack zu richten, wenn mir der Pelz nur nicht viel über 5 Louisd'ors zu stehen kommt. Aber lieber Freund, sehr bald müßte ich ihn haben, weil er hier doch erst gemacht werden muß. Wollen Sie daher mit Ihrer gewohnten Güte diese Bitte mir erfüllen, so wünschte ich von heut über 8 Tagen ihn zu haben.

Ihrer vortreflichen Jette tausend Dank von uns beiden für ihre Theilnahme an mir. Machen Sie aber nun ja, daß das Geschäft abgethan wird, das Sie abhält nach Jena zu kommen. Mit offnen Armen soll Sie empfangen Ihr neu erstandner Ihnen ewig treuer Freund

Fr. Schiller.

Den Brustzufall, von dem Schiller hier spricht, hatte er sich im Januar in Erfurt durch eine Er=kältung zugezogen. Er war am 11. Januar nach Jena zurückgekehrt. Unser Brief scheint die erste von Schiller selbst herrührende Nachricht über diese Krankheit zu enthalten, von welcher er sich eigent= lich niemals ganz erholt hat. Der schlimmste Rückfall war der vom 7. Mai in Rudolstadt (s. den folgenden Brief). An Körner schrieb Schiller über diesen ersten Anfall erst am 22. Febr. — Auch dieser Brief fehlt bei Goedeke, a. a. O., wo er seinen Platz nach Nr. 54 finden würde. Zwischen dem 5. Nov. 1790 und dem 15. Jan. 1792 findet sich dort kein Brief an Goeschen.

4. An Goeſchen.

3¹/₂ Seiten in 4.

Rudolſtadt d. 21. May 91.
(Von fremder Hand: Empfangen d. 27. May.)

Ein fataler Zufall, der Ihnen vielleicht ſchon von Jena aus zu Ohren gekommen, iſt Urſache liebſter Freund, daß Sie auf Ihren letzten Brief noch keine Antwort von mir erhalten. Heute vor 14 Tagen überfiel mich ein fürchterlicher krampf=hafter Zufall wie Erſtickungen ſo daß ich nicht anders glaubte, als ob es mein letztes wäre. Doch erhohlte ich mich in einigen Stunden wieder und glaubte mich ſchon der Beſſerung nahe, als dieſe Engbrüſtigkeit am folgenden Tag zurückkam, wie=wohl mit weniger drohenden Symptomen. Auch dieſe gieng vorüber und einige Stunden Schlaf, die ich am zweyten Morgen genoß, erweckten mir Hoff=nung, aber den darauf folgenden Abend erneuerte ſich der Anfall noch weit fürchterlicher als die vorigemal, ſo daß ich von allen den meinigen ſchon Abſchied nahm und jeden Augenblick hin=zuſinken glaubte. Starke wurde durch einen Eil=

boten aus Jena gerufen und alle nur mögliche
Mittel angewendet. Aber auch von diesem Anfalle
erhohlte ich mich, ehe Starke noch ankam, und
von dieser Zeit an kamen die Zufälle jeden Tag
etwas schwächer, so daß ich nunmehr wieder außer
dem Bette seyn kann. So fürchterlich diese Er=
stickungen auch für mich und für alle Anwesende
waren so geben mir doch meine zwey Aerzte die
tröstlichsten Versichrungen und schließen aus diesen
Krämpfen selbst, daß meine Brustbeschwerden keinen
Fehler in der Lunge zur Ursache haben wie ich
schon bey Ihrem Hierseyn fürchtete. Ich bin also
wieder unter den Lebendigen, wenn mich etwa
Briefe aus Jena todt gesagt haben sollten, und
diese letzte Krankheit selbst hat mich über die Be=
schaffenheit meiner Lunge beruhigt, denn ungeachtet
der gewaltsamsten Anstrengung, womit ich dem
erstickenden Krampfe entgegenarbeiten mußte, und
welche so heftig war, daß ich bey jedem Athem=
hohlen ein Gefäß in der Lunge zu zersprengen
fürchtete, habe ich nie Blut ausgeworfen und starke
Dofes von Opium haben immer die Zufälle ge=
lindert. Meine Furcht vor Lungensucht wird also

ziemlich gehoben, und ich hoffe durch anhaltenden Gebrauch der Mittel, deren ich mich jetzt bediene, meine Gesundheit allmählig ganz wieder herzustellen.

Aber unserm Calender[1]) sind solche Zufälle freilich nicht günstig, denn diese 14 Tage mußten natürlicherweise alle meine Geschäfte ruhen. Be= sorgen Sie aber weiter nichts, denn das schlimmste was begegnen könnte, wäre dieses daß der diß= jährige Calender etwas kleiner in Volumine aus= fiele, welchen Umstand das Publikum meiner Krank= heit (die ich in einer kurzen Vorrede berühren werde) gern verzeyhen wird. Aber eben deßwegen wollte ich Ihnen rathen, liebster Freund, den diß= jährigen Calender nicht so eng als den vorjährigen drucken zu laßen, da ohnehin viele Leser sich über den überausengen Druck beklagen. Ueberlegen Sie dieses und wo möglich folgen Sie meinem Rath.

Die Erklärungen zu den Portraits sollen Sie in einigen Wochen zuverläßig haben, wo auch mit

---

[1]) Historischer Kalender für Damen für das Jahr 1792. Erschien auch für 1791 und 1793. Die drei Jahrgänge enthalten Schiller's Geschichte des 30jähr. Krieges.

dem Druck des Calenders hier angefangen werden
kann.

Ich habe auch in Ueberlegung genommen, ob
ich den Carlos bei der neuen Ausgabe, die Sie
davon machen wollen nicht gleich in einer neuen
verbesserten Gestalt liefern soll und ich glaube daß
dieß gehen wird, wenn Sie ihn nicht früher als
etwa auf Neujahr in Mscrpt haben müßen. Er
würde etwa um den fünften vielleicht gar den
vierten Theil kleiner ausfallen, und was Sie dabey
ersparen könnte etwa auf einige Kupfer mehr ver=
wandt werden [1).

H. Prof. Heydenreich [2) sagen Sie recht sehr
viel verbindliches von mir und versichern Sie ihn
nochmahls, daß mir seine Beyträge zur Thalia
sehr willkommen seyn werden. Wird er mit 8
Rthlr. für den Bogen wohl zufrieden seyn? Dieß
ist was ich ihm geben kann und mit größtem Ver=
gnügen gebe.

_____

[1) Der Plan kam nicht zur Ausführung. Don Carlos
erschien in abgekürzter Form erst 1801.

[2) Professor der Philosophie in Leipzig. In der
Neuen Thalia, Heft 2, steht von ihm: Der erste Mai,
nach Buchananus.

Aus der Rechnung, die Sie mir in Ihrem
letzten Briefe mitschickten, habe ich neuerdings er=
sehen liebster Freund, wie große Verbindlichkeit ich
Ihnen schuldig bin, und wie sehr Ihre Güte mir
zur Pflicht macht, was mich mein eigenes Herz
auch ohne jeden andern Antrieb lehren würde.
Rechnen Sie also darauf, theurester Freund, daß
ich alles thun werde was in meinem Vermögen
steht, mein Glück mit Ihrem Beßten immer zu
vereinigen, und mir beides als unzertrennlich zu
denken.

Sie haben mir bey Ihrem Hierseyn erlaubt,
daß ich Sie nach dem Zahltag erinnern dürfe, mir
30 Ld'ors zu übermachen. Können Sie dieß jetzt,
so verbinden Sie mich sehr. Ich bleibe etwa noch
12 oder 14 Tage hier, daß Sie mir das Geld
oder die Anweisung also directe nach Rudolstadt
schicken können.

Der E. Prinz, der mir aufgetragen, Ihnen
recht viel Empfehlungen zu sagen, hat sich über
den Tod des jungen Grot [oder Gros?] sehr be=
trübt. Mein Schwager und meine Schwägerinn
empfehlen sich Ihrem Andenken, und meine Lotte

sagt Ihnen die herzlichsten Grüße. Alles freut sich, daß es Ihnen in Rudolstadt nicht mißfallen hat, und Sie können es mit nichts besser beweisen, als wenn Sie Ihre liebe Jette recht bald hieherbringen.

Für heute muß ich aufhören. Leben Sie recht wohl theurer Freund, und der Himmel helfe Ihnen glücklich durch die Meße. Ewig der Ihrige

Schiller.

Die hier beschriebene Krankheit ist die, welche den Dichter mit dem Grafen Schimmelman und dem Herzog von Augustenburg in Verbindung brachte. Es scheint dies der erste Brief zu sein, den Schiller nach der Genesung schrieb. Im Briefwechsel mit Körner befindet sich kein Brief Schiller's zwischen dem 10. April und 24. Mai. Nach der Stelle am Anfang „Heute vor 14 Tagen" u. s. w., fällt der Beginn der Krankheit auf den 7. Mai. Selbstverständlich fehlt auch dieser Brief, wie die beiden vorhergehenden bei Goedeke, dessen Sammlung kaum ein Stück von gleich bedeutendem Interesse aufzuweisen hat.

5. An Friedr. Heinr. Jacobi.

3 Seiten in 4.

(Von Jacobi's Hand: Friedrich Schiller zu Jena, e. d. 1sten Sept. 1794, b. b. 10ten.)

Hochwohlgebohrner
Hochzuverehrender Herr Geheimer Rath

Es ist ein zu alter und zu lebhafter Wunsch in mir, einen Mann zu begrüßen dessen herrlicher Genius schon längst meine Huldigung hat, als daß ich die gegenwärtige Veranlassung dazu nicht mit Freuden ergreifen sollte. Beiliegendes Blatt[1])

---

[1]) Die „Privatanzeige für die Mitarbeiter" der Ho= ren, welche Schiller in seinem Briefe an Cotta 14. Juni 1794 erwähnt, ein gedrucktes Blatt in fol., datirt 13. Jan. 1794, abgedruckt in Schiller's sämmtl. Schriften, hist.= krit. Ausg. X, 232—235, sowie in den drei Ausgaben des Schiller=Goethe'schen Briefwechsels. Daß unserm Briefe beiliegende Exemplar hat die Ueberschrift „Die Horen", von Schiller's Hand, wie auch die Worte „in dem Buch= händler Cotta a. Tübingen", wo vom Verleger, und „vier" (Louisd'or), wo vom Honorar die Rede ist. Das Exem= plar, welches für den Abdruck in den Sämmtl. Schriften diente, hat sechs Louisd'or. Nach dem Contract zwischen Schiller und Cotta (Briefwechsel zwischen Schiller und Cotta, p. 9—11) war das niedrigste Honorar 3, das höchste 8 und das mittlere 5 Louisd'or für den Bogen. —

unterrichtet Sie von einer litterarischen Unterneh=
mung, die sowohl durch die Anzahl als das be=
kannte Verdienst der dazu getretenen Mitarbeiter
etwas nicht gemeines in diesem Fache zu leisten
verspricht. Dieser schöne Bund von Geistern würde
aber unvollkommen seyn, wenn der Verfasser von
Allwills Briefsammlung und Woldemars sich da=
von ausschließen sollte. Ich bitte also Euer Hoch=
wohlgebohren, sowohl in meinem eigenen als in
aller Interessenten Nahmen, um Ihre thätige Theil=
nahme an diesem Institut, unter den in der Bey=
lage bemerkten Bedingungen. H. von Göthe,
Herder, Carve, Engel, Fichte, beide Herren von
Humboldt, Genz aus Berlin und noch mehrere
andere sind bereits dazu getreten, und wir haben
Hofnung, daß auch vielleicht H. Kant uns einige
Beyträge nicht verweigern werde. Unsre Verbind=
lichkeit würde dadurch noch vergrößert werden, wenn
Sie uns [in] den Stand setzen wollten, gleich eines
von den ersten Stücken mit einem Aufsatze von
Ihrer Hand zu zieren. Uebrigens unterwerfen wir

Am Fuße unseres Exemplars steht „H. Geh. Rath Jacobi
in Pempelfort", ebenfalls von Schiller's Hand.

uns bereitwillig allen Bedingungen, welche uns
sonst noch vorzuschreiben, Ihnen gefallen wird.

Jena den 24. Aug. 1794.

Hochachtungsvoll verharre ich

Ew. Hochwohlgebohren gehorsamster Diener

F r. S ch i l l e r.

6. An Friedr. Heinr. Jacobi.

3 Seiten in 4.

Jena, ben 25. Januar 95.

(Von Jacobi's Hand: Schiller c. b. 16ten Febr. 1795.)

Sie erhalten hier, mein vortrefflicher Freund,
den Anfang der Horen, von dem ich wünsche, daß
er im Aeußern wie im Innern Ihrer Erwartung
entsprechen möchte. Große Mannichfaltigkeit finden
Sie darinn freilich noch nicht; diese läßt sich in
dem engen Raum von 93 Seiten, worauf wir in
diesem ersten Stücke beschränkt waren, nicht wohl
zeigen. Zu dieser Mannichfaltigkeit des wahrhaft
guten beyzutragen wird auf Sie Selbst sehr viel

ankommen, und wie ungern ich auch das Amt eines
Mahners übernehme, so nöthigt mich doch meine
Redacteurs Pflicht, und die Besorgniß für das
Beßte unserer gemeinschaftlich[en] Unternehmung,
Ihnen Ihr gütiges Versprechen wieder in Er=
innerung zu bringen. Der böse Krieg, der so viele
Menschen ins Verderben stürzt, erstreckt sogar auf
die Horen seinen unglückseligen Einfluß, indem er
Sie, mein edler Freund, den Musen entführt, und
flüchtig umhergetrieben hat. Meine Bitte bey
Ihnen zu unterstützen erwarte ich noch eine Beylage
von Göthe, die er mir zu schicken versprach. Laßen
Sie diese doppelte Supplik nicht vergeblich seyn.

Daß Sie Ihre Flucht nicht in unsre Gegend
genommen haben! Wie glückliche Stunden hätten
wir im Ideen Wechsel mit Ihnen zubringen können.
Göthe ist jetzt sehr oft hier mit Meyern, dem vor=
trefflichen denkenden Künstler. Humboldt wohnt
mir gerade gegenüber, und so bringen wir manche
trauliche Stunde mit einander zu, die durch Ihren
genialischen Umgang noch mehr belebt werden würde.

Sie verlangten zu wissen [1]), wie weit sich das
Interdikt erstrecke, das wir auf politische Gegen=

stände gelegt haben. Ihre Frage wird durch den Innhalt dieses ersten Stückes hinreichend beantwortet seyn. Sie finden, daß wir dem philosophischen Geist keineswegs verbieten, diese Materie zu berühren: nur soll er in den jetzigen Welthändeln nicht Parthey nehmen, und sich jeder bestimmten Beziehung auf irgend einen particulären Staat und eine bestimmte Zeitbegebenheit enthalten. Wir wollen, dem Leibe nach, Bürger unserer Zeit seyn und bleiben, weil es nicht anders seyn kann; sonst aber und dem Geiste nach ist es das Vorrecht und die Pflicht des Philosophen wie des Dichters, zu keinem Volk und zu keiner Zeit zu gehören, sondern im eigentlichen Sinne des Worts der Zeitgenosse aller Zeiten zu seyn.

Erhalten Sie mir Ihre Freundschaft, dessen Werth ich in ihrem ganzen Umfang empfinde, und die ich mit dem aufrichtigsten Herzen erwiedere.

Schiller.

_____

¹) Jacobi's Brief an Schiller findet man in: Fr. Heinr. Jacobi's auserlesener Briefwechsel (2 Bde., Leipz. 1825—27), Bd. II, p. 181—183, u. bei Urlichs, Briefe an Schiller, p. 191.

7. An Friedr. Heinr. Jacobi.

3 Seiten in 4.

Jena den 9. Jul. 95.

(Von Jacobi's Hand: e. zu Eutin b. 18ten.)

Um Sie, vortrefflicher Freund, über das Schick=
sal Ihres Mscrpts keinen Augenblick ungewiß zu
laffen melde ich Ihnen nur in 2 Worten die glück=
liche Ankunft deffelben und meine herzliche Freude
über seinen Innhalt. Ob ich gleich in einigen
Punkten, die Sie darinn berühren, meinen eigenen
Glauben habe, so bin ich doch in allen übrigen
Stücken von der Wahrheit beßen, was Sie be=
scheiden nur „Ihre Meinung" nennen durchdrungen,
und die Liberalität mit der Sie über die Schonung
menschlicher Vorstellungsarten sprechen, athmet den
Geift der ächteften und humanften Philosophie.
Gar zu gerne begegnet es den Analyften das Leben
von dem Körper und den Geist von der todten
Hülle zu trennen, und was oft bloß Formel und
Buchftabe ift mit einer Rigidität und Unduldſam=
keit, als wenn es der lebendige Geift wäre, zu ver=
theidigen. Die Geftändniße, welche Sie bey dieser

3

Gelegenheit ablegen sollten billig beyde Partheyen, die Religions Eiferer und die Religionshasser schaamroth machen, und zur Verträglichkeit führen.

Ich freue mich Ihren Aufsatz mit mehrerer Muße gedruckt zu durchlesen [1]), denn da ich ihn heute noch nach Tübingen absenden muß, so konnte ich mir noch nicht die gehörige Zeit dazu nehmen. Der Freyheit gemäß, die Sie mir bewilligten, habe ich auf einen andern Titel gedacht, in welchem etwas von dem Innhalt vorkäme; ich fand aber keinen, der mir schicklich genug schien, und habe daher den Ihrigen beybehalten, welcher Sie auch bey künftigen Fortsetzungen desto weniger genieren wird.

Mit rechtem Verlangen erwarte ich die von Ihnen zunächst versprochene Fortsetzung.

Humboldt ist bereits seit 9 Tagen abgereißt.

---

[1]) Derselbe erschien im 8. Stück des Jahrg. 1795 der Horen: Zufällige Ergießungen eines einsamen Denkers in Briefen an vertraute Freunde. — Die von Schiller erwartete Fortsetzung ist nie erschienen. Außer diesem hat Jacobi überhaupt keinen Beitrag zu den Horen geliefert.

Ich werde ihm aber Ihren Brief nach Berlin nach=
senden.

Schenken Sie ein freundliches Andenken Ihrem
ewig ergebenen

F. Schiller.

8. An Friedr. Heinr. Jacobi.

3 Seiten in 4.

Jena den 5. 8br. 95
(Von Jacobi's Hand: Schiller, e. d. 14ten Oct. 1795.)

Von den Gedichten, die ich Ihnen, mein edler,
vortrefflicher Freund, noch in Mscrpt habe senden
wollen, erhalten Sie hier einige im 9ten Stücke
der Horen abgedruckt und die übrigen werden in
wenigen Wochen in meinem Almanach und im
Xten Horenstücke sich praesentiren. Nur einige
wenige, die ich noch im Mscrpt vorräthig habe,
lege ich hier bey. Möchten sie Ihnen einiges Ver=
gnügen schenken!

Darüber daß ich die Göthe'schen Elegien in
die Horen aufgenommen habe und noch heute darinn

3*

aufzunehmen willig und bereit seyn würde, werde ich, wenn nur einigermaßen meine Zeit es erlaubt, öffentlich in einem kleinen Aufsatz über die Schaamhaftigkeit der Dichter oder wie er sonst betitelt seyn mag [1]), meine Gründe angeben. Borgen Sie mir also noch biß auf diese Gelegenheit.

Mit großem Verlangen sehe ich den Veränderungen, die Sie im Woldemar getroffen entgegen, und mit nicht geringerem erwarte ich die Fortsetzung Ihres in den Horen angefangenen Aufsatzes. Die Druckfehler, die sich im ersten Theile eingeschlichen, thun mir sehr leid, und ich werde dem Corrector fürs Künftige die größte Pünktlichkeit zur Pflicht machen.

Ich hoffe, daß Cotta nicht unterlaßen wird, Ihnen die neuen Horenstücke unmittelbar zuzusenden.

Entschuldigen Sie meine Eilfertigkeit. Ich habe heute meinen Expeditionstag, und doch wollte ich nicht anstehen laßen, Ihren mir so angenehmen

---

[1]) Ist unterblieben.

Brief mit dem frühesten zu beantworten. Vale
faveque.

Ihr

Sch.

~~~~~~~~~~

9. An Carl Spener[1]) in Berlin.

<div align="center">**3 Seiten in 4.**</div>

<div align="right">Jena 4. Sept. 96.</div>

<div align="center">(Von Spener's Hand: accepi 10 — resp. eodem die.)</div>

Für Ihre Gefälligkeit, das Papier zu dem
Kupferstich für meinen Almanach hergeben zu
wollen, bin ich Ihnen für mich selbst und in H.
Cottas Nahmen recht sehr verpflichtet. Schon dies
allein würde hinreichend seyn, mich zu Erfüllung
Ihres Verlangens zu bestimmen, wenn auch nicht
schon die Erinnerung an unsre zwar kurze und
flüchtige Bekanntschaft zu Leipzig im Jahr 1785
mir den Wunsch einflößte, Ihnen etwas angeneh=
mes zu erzeigen. Wenn Sie mir also noch einige
Wochen Frist geben können (denn in dieser Zeit

---

[1]) Ueber ihn s. Goedeke, Geschäftsbriefe Schiller's,
p. 191—192.

habe ich mit meinem Musen Almanach und den
Horen alle Hände voll zu thun) so sollen Sie ein
kleines Gedicht wie Sie es wünschen erhalten. Ich
vermuthe, daß das Gedicht keine besondere Be=
ziehung auf etwas zu haben braucht, und Ihr
Zweck schon erreicht seyn wird, wenn es überhaupt
nur ein muntrer Neujahrswunsch ist. Müßte es
aber auf etwas besonderes anspielen, so werden Sie
so gütig seyn mich näher zu unterrichten, weil ich
von dem Guckkasten Mann hier noch nichts habe
zu Gesicht bekommen können.

Von heut in 12—14 Tagen können Sie dar=
auf rechnen es zu erhalten.

Zugleich ersuche ich Sie mich Herrn Bolt auf
das beßte zu empfehlen, weil ich demselben heute
nicht selbst mehr werde schreiben können. Daß er
noch Zeit und Lust zur Terpsichore gefunden, er=
freut mich sehr und ich bin Ihm höchlich dafür
verpflichtet.

Ich verharre mit wahrer Werthschätzung und
Ergebenheit

Ihr geh. Diener

F. Schiller.

Die Briefe Schiller's an Carl Spener galten
als verloren, s. Schiller's sämmtliche Schriften,
historisch=kritische Ausgabe XI, 442. — Dieser eine
ist denn wenigstens gerettet, und er ergänzt die
„Geschäftsbriefe" auf sehr glückliche Weise, denn
dort, S. 192—193, findet man Spener's Antwort
auf diesen Brief, vom 10. September. In Schiller's
Kalender kommt der Name Spener zuerst am
25. August 1796 vor; unter diesem Datum war
ein Brief von ihm bei Schiller eingetroffen, auf
den Schiller am 4. September wie oben antwor=
tete, während er diese Antwort im Kalender fälsch=
lich unter dem 5. September notirte. Das „kleine
Gedicht" für den Guckkastenmann ist „Spiel des
Lebens", welches, wie K. Goedeke bemerkt, erst
durch Spener's Brief verständlich geworden ist.
Schiller sandte es an letzteren am 11. October,
nachdem dieser am 27. September an das erhaltene
Versprechen erinnert hatte, wie man aus dem „Ca=
lender" ersieht, wo es unter diesem Datum unter
den Absendungen heißt „Spener, Gedicht". Vgl.
auch Urlichs, Briefe an Schiller, p. 271. In
den „Geschäftsbriefen" findet man noch verschiedene
Briefe Spener's an Schiller, aber keinen Schiller's
an ihn, obgleich der Kalender noch vier an ihn
gerichtete Briefe notirt: 11. und 31. October 1796,
und 7. und 29. April 1797. Vielleicht lockt unsere

Mittheilung den einen oder anderen an's Tages=
licht.

Ueber „Herrn Bolt" s. den folgenden Brief.

<center>~~~~~~~~</center>

10. An Fr. Bolt in Berlin.

3 Seiten in 4.

Jena den 18. 9br. 96.

Entschuldigen Sie doch, hochgeehrtester Herr,
daß ich Sie einige Posttage vergebens auf Nach=
richt warten ließ. Ein Todesfall in meiner Fa=
milie hat mich auf eine traurige Art zerstreut, und
läßt mich auch heute nur das Nothwendigste be=
sorgen.

Ich danke Ihnen auf das verbindlichste für
Ihre schöne Arbeit sowie auch für die freundschaft=
liche Beschleunigung dieses Geschäfts, die dem Al=
manach so vortheilhaft ist. Zugleich ersuche ich
Sie, einstweilen 2000 Abdrücke davon machen zu
laßen und mir solche mit dem bäldesten hieher
nach Jena zu senden.

Herr von Humboldt ist, wie ich hoffe, jetzt in

Berlin wieder angelangt, und wird meine Schul=
digkeit gegen Sie entrichtet haben. Die Kosten
des Papiers und Abbrucks wird Herr Spener so
gütig seyn zu übernehmen und Herrn Cotta in
Rechnung zu bringen. Die Gedichte Ihres Freundes sind um mehrere
Wochen zu spät für den Almanach gekommen, weil
die letzten 100 Seiten ein zusammengehörendes
Ganzes von Epigrammen sind, zwischen welches
nichts mehr konnte eingeschoben werden. Vielleicht
aber gefällt ihm ein Platz in dem nächsten Jahr=
gang, den ich ihm gerne aufthun werde.

Hochachtungsvoll verharre ich

Ew. Hochedelgebohren gehorsamster Diener

Schiller.

Mit den Briefen Schiller's an den Kupferstecher
Fr. Bolt geht es ähnlich wie mit den Briefen an
Spener: der obige ist der einzige, der erhalten
scheint. Vor etwa 20 Jahren sollen Schiller's
sämmtliche Briefe an ihn, circa 30 (?) an der Zahl,
in Berlin noch beisammen gewesen und von einem
Sammler nach Holland entführt worden sein, wie
mir Herr v. Maltzahn mittheilte. Möchte diese

Notiz zu ihrer Entdeckung führen! Im „Calen=
der" sind nur 3 Briefe an Bolt notirt, den obigen
eingeschlossen: 8. und 22. Juli, 19. (18.) Sep=
tember 1796.

Bolt war mehrmals für Schiller thätig. Von
ihm wurde das Titelkupfer zum Musenalmanach
1796, ein Apoll, gestochen. In obigem Briefe
handelt es sich um das zum Musenalmanach für
1797, den sogen. Xenien=Almanach), der in 2 Auf=
lagen unter Schiller's Augen in Jena, und in
einer dritten in Tübingen gedruckt wurde. Das
Kupfer stellt Terpsichore dar (s. oben, den Brief
an Spener).

Das Titelkupfer wurde von Spener gedruckt,
der am 27. September 1462 Exemplare an Schiller
sandte, nachdem Bolt am vorhergehenden Posttage
schon 50 abgesandt hatte. Vgl. Urlichs, Briefe
an Schiller, p. 268 (No. 160). Da Schiller
aber 2000 Exemplare verlangte, wurden noch 500
abgezogen. — Auch noch später lieferte Bolt Kupfer
zu Werken Schiller's, wie man aus den Geschäfts=
briefen bei Goedeke ersehen kann.

Der obige Brief steht im „Calender" wieder
falsch unter dem 19. September notirt, wie auch
unter den angekommenen Briefen die Nachricht von
des Vaters Tode: „Solitude. (Nachricht von des
lieben Vaters Tode)", denn dies ist die Eingangs

erwähnte Trauerbotschaft. Joh. Caspar Schiller
war am 7. September gestorben. Die mehrfachen
Abweichungen des Kalenders von den Briefdaten
laſſen ſich vielleicht ſo erklären, daß die Kalender=
daten den Tag der Abſendung bezeichnen, der dem
der Abfaſſung folgte.

11. An J. P. von Langer in Düſſeldorf.

3½ Seiten in 4.

Vor zehen Tagen erhielt ich Ihr verbindliches
Schreiben und vorgeſtern durch Spedition Herrn
Meiers aus Francfurt die ſchöne Mahlerey, die
Sie mir darinn ankündigen. Sie erweiſen mir
allzuviel Ehre, wenn Sie mein Urtheil darüber
für etwas gelten laßen wollen; ich bin ein großer
Freund und Bewunderer aber nichts weniger als
ein eigentlicher Kenner von Werken der bildenden
Kunſt. Bloß als Liebhaber kann ich alſo dieſes
Stück beurtheilen. Ich finde es vortreflich gerathen
und von der angenehmſten Wirkung. Eine Kunſt,
welche die Werke vorzüglicher Meiſter, in dieſer
Vollkommenheit, auf eine leichte, nicht zu koſtbare

Weise zu vervielfältigen im Stand ist, scheint mir
in hohem Grade nützlich und aufmunterungswürdig.
Ich bin vollkommen Ihrer Meinung, daß der gute
Geschmack im Decorieren der Zimmer durch eine
solche mechanische Nachbildung schöner und aus=
erlesener Künstler Werke weit mehr gewinnen würde,
als durch diejenige Produkte der freien Nachah=
mung oder Erfindung, welche der Modegeschmack
auf die Bahn bringt.

Mit größtem Vergnügen werde ich daher das
meinige beytragen, eine so nützliche Unternehmung
zu empfehlen, und weil sich vielleicht im Kreise
meiner Bekanntschaft Liebhaber dazu finden, die
nähere Notizen von mir verlangen, so ersuche ich
Sie, mich von dem Preise der Stücke, sowohl von
der Größe des Clio als auch kleinerer gütigst zu
benachrichtigen.

Wenn Sie mir erlauben, das übersandte Stück
noch einige Wochen lange bei mir zu behalten, so
werde ich Gelegenheit haben, das Urtheil mehrerer
trefflichen Kunstkenner aus hiesiger Gegend darüber
einzuziehen, und so durch bessere Bekanntmachung

desselben Ihren Wünschen um so besser zu ent=
sprechen.

Mit vollkommener Hochachtung verharrend

Jena den 12. April 1797.

Dero gehorsamster Diener

F. Schiller.

I. P. v. Langer war seit 1789 Director der
Düsseldorfer Akademie, 1806 wurde er als Director
der Kunstschule nach München berufen. Es ist
kein anderer Brief Schiller's an ihn bekannt. Die
mechanische Vervielfältigung der Malereien betrieb
er im Verein mit Johann Böninger, denn von
diesem und ihm selbst ist der Brief aus Duisburg
.vom 20. März welcher die Sendung an Schiller
begleitete, unterzeichnet. Man findet denselben bei
Urlichs, Briefe an Schiller, p. 279 abgedruckt.
„Die schöne Mahlerey" ist ein Clio, welche jetzt
als Ofenschirm in Greiffenstein dient, wie mir Herr
Dr. W. Fielitz mittheilt. Auch an Goethe wurde
dieselbe gesandt, denn dieser schreibt an Langer am
26. April 1797: „Die Abbildung der Muse, welche
Sie mir zugeschickt haben, ist wohlerhalten bei mir
angekommen, und Ihre Anstalt ist durch dieses
Bild, so wie durch die übrigen, die Sie uns ge=

schickt haben, genugsam bekannt geworden" 2c.
(Hirzel, Verzeichniß, S. 207.) Goethe blieb auch
in späteren Jahren mit ihm in Verbindung. Er
schrieb ihm am 17. Jan. 1814, und am 4. Juli
1817 gab er der Malerin Luise Seidler einen
Empfehlungsbrief an Langer mit. S. auch Goethe
an Heinr. Meyer, Jena 26. März 1818. Auch
zu Langer's Sohn hatte Goethe Beziehungen; er
schrieb ihm in den Jahren 1803 und 1804.
Schiller und Goethe correspondirten mehrfach über
Langer's Erfindung. Vgl. die Nummern 297,
302 u. 303 im Briefwechsel der beiden Dichter. —
Dieser Brief ist im „Calender" wieder verspätet,
unter dem 14. Sept. notirt, also ist er wohl dann
erst abgegangen.

Charlotte von Schiller

1. An Goeschen.

2¹/₄ Seiten in 8.

Rudolstadt den 12. Juni 91.
(Von Goeschen's Hand: empfangen d. 16ten.)

Ich soll Ihnen werther Freund, durch einige
Zeilen, den richtigen Empfang Ihres Briefs u.
des darin eingeschlossenen Geldes melden, in nah=
men meines geliebten Schillers und Ihnen seinen
Dank dafür sagen. Er würde es selbst gethan
haben wenn er nicht eine unruhige Woche zu über=
stehen gehabt hätte. Es kam wieder ein Anfall von
Krämpfen, der nicht so anhaltend wie die ersten
war, aber doch heftig; Er läßt Ihnen sagen er
hoffe in einigen Wochen ganz davon befreyt zu
seyn; er soll nun Schlackenbäder, mit Kräuter=
bädern abwechselnd gebrauchen, u. stärkende Mittel
noch überdem, dies hoffte er soll ihm sehr gut

4

thun, seine Aerzte, Hofrath Starcke in Jena, und unser hiesiger Arzt hoffen sehr gute Wirkung von den stärckenden Mitteln. Welche Unruhe in meiner Seele herrscht wenn ich meinen Theuern Schiller leiden sehe, fühlen Sie mit mir, Sie haben es ja selbst erfahren. Recht herzlichen Antheil haben wir an der Kranckheit der lieben Frau Gemahlin genommen, und an Ihren Kummer; Ich hoffe aber es ist wieder ganz besser, und auch mit unsern Schiller wird es bald so werden. Ich soll Ihnen die herzlichsten wärmsten Grüße von Schiller sagen, auch meine Schwester und Schwager, wie meine Mutter empfehlen sich Ihnen gar sehr, der lieben Frau Gemahlin versichern Sie unsrer freundschaftlichen Ergebenheit, und von mir Empfangen Sie die Versicherung meiner Hochachtung und Freundschaft.

Schiller gebohrne v. Lengefeld.

Adreße: An Se. Wohlgebohren
Herrn Buchhändler Göschen
in Leipzig

2. An Goeschen.

3 Seiten in 4.

Weimar den 6ten Xber 1804.

Ich muß Ihnen verehrungswürdiger Freund an Schillers statt heut ein Wort sagen; wenn sein angreifender Catharr der ihm die geistigen wie cörperlichen Kräfte raubt nicht eben abhielt Ihnen ein Wort zu sagen, so wollte ichs dem Schicksal danken daß es mir eine Gelegenheit giebt, Ihnen selbst meine Gesinnungen der Achtung u. Freund= schaft auszusprechen durch meine eigne Feder. Ich freue mich immer wenn ich Ihnen oder jemand der Ihnen angehört sehe weil Ihre Freundschaft uns durch unser ganzes Leben begleitete und der Anfang unsrer Freundschaft so alt ist wie mein Zusammenleben mit Schiller. Wir sollten uns, je älter wir werden, je öfter sehen um uns der Gegenwart u. Vergangenheit dabey zu erfreuen. Ich hoffe Ihre geliebte Gattin ist wohl, und alle Ihre Kinder, damit Sie auch wohl sind. — Wenn unsre Freundin Ihnen begleitet hätte zu uns, so würde ich der angenehmen Stunden die Sie uns

4*

schenkten noch mit mehr Freude denken, denn ich
sehe diese liebe Freundin so gern!

Ich soll Ihnen von Schiller mit den herz=
lichsten Grüßen begleitet die besten Entschuldigungen
vortragen daß er Ihnen just für die ersten Hefte
des bewußten Journals nichts über die schöne weib=
liche Erscheinung unsrer Gr. F.[1]) sagt, weil er
jetzt ganz unfähig zur Produktion ist, dann will
er sie gern noch beobachten, weil dieser schöne Ca=
rakter eine Tiefe u. Gehalt hat, dem man je länger
je inniger aufpassen[2]) möchte, und so fein und zart
wie sie selbst dasteht möchte Schiller sie auch gern
beobachten. — Meine Schwester die Ihnen auch
sehr viel schönes u. gutes sagt, ist auch krank,
u. hat Gicht im Kopfe, da ist auch ihr keine Muse
noch erschienen. Ich habe in diesen Tagen nur
von Schillers Zimmer, mich zu meiner Schwester
begeben, weil ich beide gern pflegen möchte, dabey
mußte ich mich auch in der Welt im Rahmen

---

[1]) Groß=Fürstin.

[2]) Undeutlich ob aufpassen oder auffassen; zu letzterem
würde aber das sehr deutlich ausgeschriebene dem nicht
stimmen.

meiner Familie zeigen, so ist unsre Lebensweise jetzt ...[1]) fröhlichen Ankunft, u. ich fürchte wohl Schiller wird noch lange das Zimmer hüten müßen, weil er so empfindlich für Zug und Luft ist, wenn er einmahl die catharralische disposition hat, doch hat er kein Fieber dies beruhigt mich, u. ich hoffe es soll keine Folgen haben wenn er sich schont. Ich sehe immer lieber er schont sich zu viel, als daß er sich vergißt im gesellschaftlichen Leben, wo er manches zu leicht nimmt, wenn es ihm gerade wohl ist, u. die bösen Folgen sind doch alsdann unvermeidlich. Empfangen Sie von Schiller u. mir die herzlichsten besten Grüße, u. so ist Ihre liebe Frau gegrüßt. Schiller hoft Ihnen bald selbst zu schreiben. Bleiben Sie gesund mit den Ihrigen und denken unser mit Freundschaft.

Charlotte Schiller.

Adreße: Dem Herrn
          Goeschen Buchhändler
                    in
    frey.   Leipzig.

-··-

---

[1]) Hier hat der Brief eine kleine Lücke.

Das „bewußte Journal", von dem hier die Rede, ist das „Journal für deutsche Frauen" vom Januar 1805 an bei Goeschen erschienen. Goeschen hatte Schiller im November in Weimar besucht. In Schiller's Kalender heißt es zum 14. Nov. „War Goeschen hier". Am 22. Nov. schrieb Goeschen wieder an Schiller von Leipzig aus, vom erwähnten Journal sprechend: „Das Glück scheint es zu begünstigen. Der Charakter der Erbprinceßin k. Hoheit, fehlt nur noch, und es kann der Anfang des Druckes gemacht werden. Dieser Aufsatz soll an die Spitze kommen" und am 3. December „Den Aufsatz über die Erbprinzeß hätte ich gar gern. Die ganze Welt ist verliebt in sie und wir wünschen ihn noch in das erste Stück zu bringen". Aus unserem Briefe ersieht man, daß Schiller versprochen hatte, diesen Aufsatz zu liefern und nicht die Wolzogen, wie Goedeke, Geschäftsbriefe, p. 326, vermuthet. Schiller ist nicht mehr dazu gekommen, den Vorsatz auszuführen. Erst der Aufsatz „Ein Portrait" im Jahrg. 1806 des Journals scheint der Großfürstin zu gelten. S. Goedeke a. a. O.

3. An Chr. Gottfr. Körner.

7¼ Seiten in 8.

Weimar den 13ten Juni 1811.

Nur wenige Worte heut, theurer Freund, mit dieser Sendung, des noch zurückgebliebenen medicinischen Aufsazes. In den beyliegenden Papieren sind denke ich alle Antworten die Sie zu beantworten gewünscht haben.

Ich denke Sie besizen alle vier Bände Prosaische Schriften [1]), sonst sende ich sie Ihnen. —

Auch die Rechtsfälle [2]) kann ich von Jena verschreiben.

Ich freue mich recht auf Ihre Arbeit, denn der Seegen der Liebe und Freundschaft wird auf Ihnen ruhen, und das Andenken unsers Schillers daß Sie so heilig umschwebt, wird Ihnen in lebhaften und frischen Farben die Erinnerungen beleben. —

Er würde sich am liebsten von Ihnen gezeichnet gesehen haben, das fühle ich. —

---

[1]) Kleinere prosaische Schriften von Schiller. 4 Bde. Leipzig, Crusius, 1792—1802. 8vo. min.

[2]) Merkwürdige Rechtsfälle, nach Pitaval, s. unten.

Hat Ihnen Cotta nicht einige Winke gegeben, wie er es mit den zeitlichen [?] meint?

Ich habe neulich eine Notiz bekommen die ich Ihnen nicht verschweigen will. Ich habe den Con= tract erfahren durch Herders Verwandte, den sie mit ihm hatten. Cotta hat vier Louisb'ors für den Bogen gedruckte Sachen gegeben für das was noch nicht gedruckt war, in der Sammlung, 5 L. den Bogen.

Ich habe nun den Ueberschlag neulich gemacht nach zwölf Bänden, und da hätte ich nach diesen Maaßstab, über 9000 Thlr. Aber ich denke wohl, daß Cotta dies anders berechnen würde, da unter den Sachen von Herder, vielmahl gedruckte Sachen, Vorreden zu Gesangbüchern, Cathechißmus u. s. w. kömmt, u. dann ist es doch nicht für Ein Pu= blikum, weil Theologie, Philosophie u. Schöne Wissenschaften nicht gleiche Anhänger und Theil= nahme erwecken, daß wenn die Zeit die für Spe= culationen nicht günstig, ihm nicht seine Kräfte hemmt, so hoffe ich wird er thun was er kann u. bey mir nicht so berechnen, da er dankbar fühlt, was Schillers Freundschaft ihm war, und wie er

eigentlich seinen Verhältnissen u. Ansehen den An=
stoß gab. Meyer der Sie wohl in Carlsbad sehen
wird, sprach mit mir neulich, auch er sagte, daß
Cotta bey uns nicht würde ungroßmüthig sein, weil
er fühlte was er Schillers Freundschaft alles ver=
danke. Er ist mit mir, u. den Kindern immer
sich gleich, u. aufmerksam, und delikat. Also rechne
ich auch in der Folge auf ihn.

Erste Abtheilung der Memoiren [1]) sind 4
Bände, davon 3 von Schiller herausgegeben, der
4te von Woltmann. Zweyte Abtheilung sind 4
Bände unter Schillers Aufsicht und Einfluß, auch
Vorreden über die Französische Geschichte der Jahre
1540 bis zu Heinrich III. Todt, der Achte Band
ist mit einer Vorrede von Paulus begleitet. Sechs
Bände von Sullys Memoires, sind darinn. Im
Ganzen besitze ich 22 Bände, also 18 Bände von

---

[1]) Allgemeine Sammlung historischer Memoires vom
zwölften Jahrhundert bis auf die neuesten Zeiten, herausg.
von Friedr. Schiller. I. Abtheilung, Band 1—3. Jena,
Joh. Mich. Mauke, 1790. 8vo. — II. Abth., Band 1—5.
Ebendas., 1791—93. 8vo. — Nur diese Bände der Samm=
lung enthalten Beiträge von Schiller.

der zweyten Abtheilung. Vor dem Ersten Theil der Geschichte der Malthefer [1]), ist auch eine Vor= rede von Schiller. Niethammer hatte die Ueber= setzung angefangen. —

Die Rechtsfälle von Pitaval [2]) habe ich meinem Sohne gegeben der sie in Heidelberg besizt, sonst wollte ich sie senden. Es ist aber in Jena bei Mauke herausgekommen, in den Jahren 91 bis 93, wünschen Sie sie so verschreibe ich sie. Die Recensionen sind alle in dem vierten Band der vermischten Prosaischen Schriften.

Die über Egmont [3]) ist wohl 1785 entstanden weil Schiller sich damahls mit beschäftigte, 1790 wohl Matthisson [4]) und Bürger [5]). Sonst sind mir keine bekannt. Alles findet sich in dem vierten

---

[1]) Geschichte des Maltheserordens nach Vertot, von M. N. bearb. und mit einer Vorrede versehen von Schiller. 2 Bde. Jena, Cuno's Erben, 1792—93. 8vo.

[2]) Merkwürdige Rechtsfälle ꝛc. Nach dem französ. Werk des Pitaval, mit einer Vorrede, herausg. von Schiller. 4 Thle. Jena, Cuno's Erben, 1792—95. 8vo.

[3]) Erschien zuerst in der Jenaer Literaturzeitung, September 1788.

[4]) Ebendaselbst, September 1794.

[5]) Ebendaselbst, Januar 1791.

Band. Auch die Vorreden, von den Memoiren
Blos die nicht die zur Fr. Geschichte gehören.

Die Medizinische Rede [1]) hat keine Jahrszahl,
sie ist wohl früh geschrieben, weder Zeit des Druckes
u. Erscheinung ist angegeben.

Die Dame in Franken, ist die Mutter der
Wollzogens, und meines Schwagers, sie hatte drey
Söhne in der Akademie, in Stuttgardt, und hat
Schiller damahls auf das uneigennüzigste, u. lieb=
reichste verborgen [2]) da er entflohen war. Er hat
sie sein ganzes Leben wie ein Sohn geliebt, und
sie ihm auch. — Sie war in Meinungen an dem
Onkel meiner Mutter, Geheimrath Wollzogen ver=
heyrathet, u. welche ihren Mann frühzeitig [ver=
lor] u. hat sich mit seltnem Geist und Fassung
durchgebracht durchs Leben, u. ihr immer heiter
thätiger einfacher Carakter, war Schiller unendlich
viel werth. —

---

[1]) Versuch über den Zusammenhang der thierischen
Natur des Menschen mit seiner geistigen, eine Abhandlung,
welche ... vertheidigen wird Johann Christoph Friedrich
Schiller, Kandidat der Medizin in der Herzoglichen
Militär=Akademie. Stuttgard (1780), 4to.
[2]) Auf ihrem Gute in Bauerbach.

Die Hoffnung, „daß Cotta bey uns nicht würde ungroßmüthig sein", ist nicht getäuscht worden, denn Charlotte v. Schiller empfing von ihm mehr als das Dreifache des erwarteten Betrages. Aus dem „Honorar Conto für Charlotte v. Schiller" im Briefwechsel zwischen Schiller und Cotta S. 690 erfährt man, daß Cotta von 1812 bis 1825 an Schiller's Wittwe 30,000 Thlr. gezahlt hat. Nach ihrem Tode empfingen Schiller's Erben in den darauf folgenden 25 Jahren 70,000 Thlr. und für den Briefwechsel zwischen Goethe und Schiller weitere 4000 Thlr.

Die sachlichen Mittheilungen des Briefes sollten Körner Material liefern für die „Nachrichten von Schiller's Leben", welche er für Cotta schrieb und welche der Ausgabe von Schiller's Werken, 12 Bände, 1812—15, beigegeben wurden. Auf diese Ausgabe zunächst beziehen sich auch die in Bezug auf das Honorar ausgedrückten Erwartungen.

4. Stammbuchblatt.

Schön verfließe Dir das Leben
Mit dem Kummer unbekannt,

Und den Parzen, die es weben,

Führe Liebe selbst die Hand,

Daß nur selten in die frischen

Jugendlichen Farben sie,

Zum Bestand der Harmonie

Einen dunkeln Faden mischen.

Jena im Julius 92.

Schiller gebohrne von Lengefeld.

Johann Caspar Schiller

des Dichters Vater

An seinen Schwiegersohn Reinwald in Meiningen.

2 Seiten in 12 min.

O mein lieber Herr Sohn! wie sehr dank ich Ihnen, daß Sie unsre liebe Christophine hieher gelassen haben. Mit herzlichem Verlangen haben wir sie erwartet, und wie rührend war der Empfang. Sie gereicht uns zum großen Trost, zumal da unsere Lage immer betrübter wird. Gott segne Sie für Ihre Liebe und erhalte Sie gesund. Mit der Louise steht uns noch ein harter Schlag vor. Sie wird schwerlich aufkommen. Gott stehe uns bei und sei auch mit Ihnen.

Schiller.

Christophine Reinwald, Schiller's älteste Schwester, hatte Meiningen am 30. April 1796 verlassen

und war am 10. Mai auf der Solitude angekom=
men, also wird der obige Brief in die ersten Tage
nach diesem Datum fallen. Die Reise war auf
den Wunsch des Dichters unternommen worden,
der auch die Kosten trug. Die Mutter sollte in
der Pflege des Mannes und der zweiten Tochter
Luise, welche beide krank darniederlagen, durch
Christophine unterstützt werden. Vgl. Schiller's
Brief an Christophine, 25. April 1796 in (Caro=
line v. Wolzogen) Schiller's Leben II, 160, und
in Schiller's Briefwechsel mit seiner Schwester
Christophine, herausgegeben von W. v. Maltzahn,
p. 163. — Joh. Caspar Schiller erlag seiner
Krankheit am 7. September 1796, die Tochter
Luise dagegen genas vollständig und lebte noch
40 Jahre († 14. September 1836). Christophine
kehrte Anfangs October nach Meiningen zurück.

Elisabetha Dorothea Schiller

des Dichters Mutter

An ihren Schwiegersohn Reinwald in Meiningen.

4 Seiten in 12.

Liebster Herr Sohn.

Es hat mich recht sehr erfreut daß Sie auch wieder an mich geschrieben u. seind Sie versichert daß es ihrer guten Frau ehben so empfindlich selt, sich ohne ihren Willen so lange hier aufhalten mußte. Wir haben immer an ihr zu trösten, es wahr aber bisher ganz uhnmöglich ich kann Sie mein l: h: Sohn auf alles versichern daß schon über einen Monat keine sahrende Post wegen uhn=sicherheit der franzosen in Stuttgardt abgegangen, auch haben sie nicht einmahl Briefe angenommen, da wir alle Tage anfragen ließen. Gott weiß es wie viel uns daran gelegen wahr, ihre Güte nicht zu mißbrauchen, wir gaben uns alle Mühe unsre

Tochter bei einer andern sichern gelegenheit Ihnen zu zu schicken, und schrieben auch deßwegen an unsere Freunde wie es doch anzugehen wehre, aber es will sich durchaus nicht schicken, u. ist es uns noch darum zu thun da wir nicht einmahl Briefe an Sie schicken konnten, warum sie nicht kommen konte. Von meinem Sohn haben wir erst vor ettlichen Tagen ein Brief durch H. Cotta erhalten, wo Er uns seiner frau niederkunst, das schon den 11 Juli, den 15 August bekommen, er schrieb auch daß wir ihm nicht wohl Briefe zuschicken werden können wegen aufenthalt der Posten. Liebster H. Sohn wir hetten Ihre frau bei diesen umstenden, durch Extra Post reisen laßen, wann es nur immer bei unsern wirklich großen ausgaben möglich ge= wesen wehre, nur vor ihren Koffer bis Nürnberg hat man vom Zentner 12 Gulden verlangt, wo wir alsdann geglaubt sie mit einer gelegenheit allein vort zu bringen. Legen Sie es also ihrer frau und uns nicht zur schuld, ihr längres aus= bleiben, denn sie hat wenig angenehme Stunden bei uns, es ist auch gewiß Bedürfniß gewesen, Sie können Sich gar keinen Begriff machen, was wir

alle bei den schmerzlichsten umstenden meines guten
Mans leiden, Tag und Nächte thauren seine
schmerzen vort, es ist zum erbarmen, wir wachen
[bei] ihm abwechslungsweiß, ich stehe öfter in der
Nacht 6 bis 8 mahl auf, u. daß schon ein halb
jahr, und es solte nicht möglich sein es so lang
zu thauren, nun sind etlich Tag geschwollen ihm
Füße und hand, Gott erbarme sich seiner Leiden,
er läßt Ihnen herzlichen Dank sagen vor Ihre
Liebe u. Sorg u. wir wollen auch dieses wo Sie
uns schreiben gebrauchen. Gott gebe den Seegen
dazu. — So bald es nur immer möglich [lassen]
wir Ihre Frau abreisen, alle Tag wird auf der
Post angefragt, wann der Wagen abgeht, ich ent=
pfiel mich ihrer Liebe

Schiller.

Das Datum dieses Briefes ist zwischen 15. Aug.
(an welchem Tage Schiller's Brief vom 11. Juli
angekommen war) und 7. Sept. (Todestag Joh.
Casp. Schiller's) zu setzen. Am 15. Aug. schrieb
auch Schiller an Reinwald, um ihn wegen Christo=
phinens langem Ausbleiben zu beschwichtigen. S.
Schiller's Briefw. mit seiner Schwester Christo=
phine, p. 196.

Goethe

1. An Reich.

1 Seite in 4. (Die Adresse von fremder Hand.)

Weimar d. 8. Nov. 1775.

Ich habe Sie neulich um einige Schriften Ha=
mans gebeten, wenn sie noch nicht weg sind, so
schicken Sie sie mit dem Postwagen hierher, und
haben die Güte noch die Apologie des Buch=
stabens H. hinzuzuthun.

Der Ihrige

Goethe.

An den Buchhändler Reich (Weidmanns Erben
und Reich) in Leipzig.

Die Bitte um einige (10) Schriften Haman's
war noch von Frankfurt aus, wenige Tage vor
dem Abgange nach Weimar, nemlich am 2. Nov.[1]),

---

[1]) Bis zum 3. November kann Goethe also nicht in
Heidelberg verweilt haben, wie vermuthet worden. Vgl.

an Ph. E. Reich in Leipzig gerichtet worden. Vgl.
Der junge Goethe, dritter Theil, p. 120. Auch
die Apologie des Buchstabens H. ist von Haman.

Goethe war am 7. November 1775 in Weimar
angekommen; in obigem Briefe besitzen wir das
erste schriftliche Produkt von ihm aus der Musen=
stadt, denn bisher war weder ein Brief noch irgend
ein anderes Schriftstück von seiner Hand, das
zwischen den 2. und den 22. November fiele, be=
kannt. Am 22. schrieb er an Johanna Fahlmer.

2. An Schiller.
1 Seite in 8.

(Den ?) Dec. 1804.

Gern hätte ich Sie heut besucht um Ihnen zu
sagen, daß die Arbeit frisch fort geht, wenn ich
mich nur an die Luft wagen dürfte. Ueber einige
Bedenklichkeiten möchte ich mir Ihren Rath er=
bitten. Ich denke es wird sich alles machen lassen,
nur dürfte vorläufig keine Anzeige in's Publikum.

„Dichtung und Wahrheit", herausg. von G. v. Loeper,
IV, p. 230.

Wenn das Werk erscheinen soll so muß es unvor=
bereitet und unerwartet kommen, doch hiervon
mündlich. Leben Sie heiter und thätig.

G.

Das Datum im Original ist unleserlich, weil
die Stelle verletzt ist. — Der Brief fehlt in allen
drei Ausgaben des Briefwechsel zwischen Schiller
und Goethe, wo er seinen Platz unmittelbar vor
Nr. 975 (zweite Ausg.) hätte finden sollen. Die
Arbeit, von der die Rede, ist „Rameau's Neffe".
Goethe's Uebersetzung nach einer in Petersburg zum
Vorschein gekommenen Abschrift des Manuscriptes
Diderot's, welche Klinger durch Vermittlung des
in Petersburg anwesenden Wilh. v. Wolzogen,
Schiller's Schwager, nach Weimar gesandt hatte,
erschien 1805 bei Goeschen, der Goethe's Manu=
script im März durch Schiller erhielt. Goethe's
Wunsch, „vorläufig keine Anzeige in's Publikum
zu bringen" muß Schiller sogleich Goeschen mit=
getheilt haben, denn nur darauf kann sich die Be=
merkung in des Letzteren Brief an Schiller vom
2. Jan. 1805 beziehen: „Allerdings muß Goe=
the's Werk nicht angekündigt werden. Ich liebe
überhaupt das Posaunen nicht mehr, wiewohl ich
ehemals auch die Backen voll genommen habe".

Das französische Original sollte ebenfalls bei Goe=
schen erscheinen, aber das Manuscript, welches
Schiller ihm am 25. März gesandt hatte, ging
verloren, und da man damals keine andere Ab=
schrift kannte, mußte der Plan unterbleiben. Später,
im J. 1821, wurde Goethe's deutsche Uebersetzung
von M. de Saur in's Französische zurück übersetzt,
dann aber fand sich 1823 auch in Frankreich eine
Abschrift des Originals, und nach dieser erschien
der französische Text in Brière's Ausgabe der Oeuv-
res de Diderot. Vgl. Goethe an Sulpiz Boisse=
rée, 12. Dec. 1823. Sulpiz Boisserée II. 365.

~~~~~~~

3.

2 Seiten in 4. (Dictat. Nur Schlußformel und Unterschrift, ge=
sperrt gedruckt, eigenhändig.)

Die mir schon vor einiger Zeit zugesendete
kleine Abhandlung erhalten Ew. Wohlgeboren hier
mit vielem Dank zurück. An dem Phänomen selbst
habe ich keinen Zweifel, ja ich erinnre mich, daß
es mir vor geraumer Zeit durch den verstorbnen
Batsch[1]) vor Augen gelegt und an vielen Gegen=

---

[1]) Professor der Naturgeschichte in Jena, geb. 1761,
gest. 1802. Man kennt zwei Briefe Goethe's an ihn aus

ftänden gewiesen worden. Er schrieb auch damals
einen Aufsatz darüber, doch weiß ich nicht ob er
je gedruckt worden.

Es ist sehr verdienstlich, daß Ew. Wohlgeboren
die Sache wieder zur Sprache bringen. Denn
wenn es auch schwer seyn möchte, eine solche Er=
scheinung zu erklären, so ist es doch wichtig genug,
die Allgemeinheit derselben durch so viele besondere
Fälle durchzusetzen; ja eben durch diese Allgemein=
heit erhält das Phänomen rein ausgesprochen schon
ein theoretisches Ansehen. Sollten Sie weiter, so=
wohl in solchen Erfahrungen als auch in dem
Nachdenken darüber und im Verknüpfen mit and=
ren Erscheinungen vorschreiten, so bitte ich, mich
an dem Gefundenen Theil nehmen zu lassen.

Das Gemälde wovon Sie mir melden, ist mir
schon früher bekannt geworden, und gehört mit
unter die Gegenstände, um derentwillen ich mir
schon längst eine Tour nach Rudolstadt vorgenom=
men hatte.

Sollten Sie einem Freunde von mir zu einem

---

dem Jahre 1794, keiner aber bezieht sich auf den hier
erwähnten Aufsatz.

größern oder kleinern Stück biegsamen Steins ver=
helfen können, so würden Sie mir zugleich eine
besondre Gefälligkeit erzeigen. Da ich bald nach
Carlsbad gehe, so wird Frau Hofräthin von Schiller
das weitre besorgen, wenn Sie deßhalb an die=
selbe zu schreiben die Güte hätten.

Der ich mich mit besondrer Hochachtung unter=
. zeichne

Ew. Wohlgeb.

Weimar
ben 8. May
1811.

ergebenster Diener
J. W. v. Goethe.

Es ist mir nicht gelungen, den Adressaten zu
ermitteln; nach der Bemerkung gegen den Schluß
zu urtheilen, muß man ihn vielleicht in Rudolstadt
suchen. Das Phänomen, von dem die Rede, be=
trifft unzweifelhaft die Farbentheorie. Goethe's
Farbenlehre war 1810 erschienen.

~~~~~~~

4.

2 Seiten in 4. (Dictat. Nur die Namensunterschrift eigenhändig.)

Ew Wohlgeboren

letzter Verabredung gemäß haben wir die Win=
bischmannische Recension nochmahls in Betrachtung

gezogen und wohl überlegt, ob man etwa, wie
Sie wünschen, durch eine Anzug. der Sache eine
gewisse Wendung geben könnte. Leider aber hat
es sich nicht machen wollen. Denn sollte man sich
zu einem Aufsatze entschließen, bey welchem der
Verfasser des Werks seinen Einfluß allenfalls ein=
gestehen dürfte; so würde man darin nothwendig
zu berühren haben, wie sich Freunde sowohl als
Widersacher bisher benommen, u. hiezu, wie ich
gern gestehe, scheint es mir noch nicht Zeit. Man
muß wohl abwarten, in wiefern diese Arbeit sich
selbst Raum macht, u. in wiefern sich Männer
finden welche dem Gegenstand durch einige Jahre
sowohl experimentirend als theoretisirend, die ge=
hörige Aufmerksamkeit widmen, und das Ganze in
seinem Zusammenhange betrachten wollen. Als=
dann wird man mit Bequemlichkeit und Nutzen die
Stimmen samlen können; es wird sich beurtheilen
lassen, wo die hauptsächlichsten Hinderniße liegen,
u. ob wirklich gewiße Menschen das Einfachste einzu=
sehen nicht im Stande sind, oder in wiefern böser
Wille u. Vorurtheil sie umnebeln. Sehr ungern sende
ich daher das mir mitgetheilte Mscpt zurück u.

führe zu meiner Entschuldigung noch zum Schlusse
dieses an, daß ich auch hier wohlzuthun glaube,
wenn ich auf meine alte Weise verfahre u. den
Wirkungen der Zeit nicht vorgreife.

Ich empfehle mich bestens u. wünsche immer
zu vernehmen, daß Sie sich wohl befinden.

Mit vorzüglicher Hochachtung

Weimar den 4. August 1811.

Goethe.

Auch dieser Brief, dessen Empfänger ebenfalls
unbekannt geblieben, bezieht sich auf die Farben=
lehre, und es handelt sich dabei vermuthlich um
dieselbe Arbeit Windischmann's, die den Gegen=
stand von Goethe's Schreiben an diesen vom
2. Mai 1811 bildet. (S. Hirzel's Verzeichniß,
p. 215.) Vielleicht war sie für die Jenaer Literatur=
zeitung bestimmt, dann wäre unser Brief an den
Herausgeber derselben, Hofrath Eichstädt, gerichtet,
mit welchem Goethe bekanntlich eine lebhafte
Correspondenz unterhielt (Goethe's Briefe an Eich=
städt, herausg. von W. Freiherrn v. Biedermann,
Berl. 1872).

Mit dem Unmuth, der sich hier über die Auf=
nahme der Farbenlehre ausspricht, stimmt merk=
würdig zusammen, was Goethe darüber in den

Annalen, Jahr 1810, sagt: „Um die Wirkung war ich wenig bekümmert und that wohl. Einer so vollkommenen Untheilnahme und abweisenden Unfreundlichkeit war ich aber doch nicht gewärtig; ich schweige davon" rc.

~~~~~~~

5. An Sohn und Schwiegertochter.
1 Seite in 4.

Das Einzige wünscht ich daß meine Kinder ein paarmal im Paradiese mit mir auf u. ab liefen, sie würden sich erfreuen über den verwandelten Papa. Ich bin, wenn nicht aus dem Regen in die Traufe, doch aus der Traufe in den Regen gerathen. Theater u. Universität! Eins und eben= dasselbe! — Mit Backfischen bin ich gesegnet, der größere, ja der größte soll euch eine frohe Mahl= zeit seyn. Gedenket

Jena d. 22. März   G.
     1818.

Der Brief ist unzweifelhaft an Goethe's „Kin= der", d. h. an seinen Sohn und seine Schwieger=

tochter, gerichtet. Das „Paradies“ ist ein be=
kannter Spaziergang bei Jena. Goethe wohnte
damals in der „Tanne“ an der Camsdorfer Brücke
in einem Erkerzimmer. Vgl. Annalen, Jahr 1818:
„Ich hatte mich im Erker der Tanne zu Camsdorf
einquartiert und genoß mit Bequemlichkeit, bei
freier und schöner Aus= und Umsicht, besonders der
charakteristischen Wolkenerscheinungen.“ Alle Briefe,
die der Dichter von hier aus schrieb, athmen Froh=
sinn und besonders Zufriedenheit über die Besitz=
ergreifung des Erkerzimmers, welches „schon seit
so vielen Jahren mich, meine Freunde u. Nach=
kommenschaft gereizt hat daselbst zu wohnen, ohne
daß nur Jemand sich die Mühe gegeben hätte die
Treppe hinauf zu steigen“ ꝛc. Vgl. Brief an
Zelter, 16. Feb. 1818, an Meyer, 24. Feb. 1818,
und viele andere. Hier entstand auch das Gedicht
„Um Mitternacht“. — Der „verwandelte Papa“
bedarf also keiner weiteren Erklärung, umso weniger
als Goethe sich in Weimar kurz vor der Abreise
nach Jena nicht wohl befunden hatte. Vgl. Brief
an Knebel, 7. März 1818, „Meine Zustände diese
letzten Tage waren nicht die besten“ ꝛc. Dunkler
ist der Stoßseufzer über Theater und Universität,
denn das Theater konnte ihm keine Sorge mehr
machen, da er die Direction schon ein Jahr früher,
12. April 1817, niedergelegt hatte und das Uni=

verſitätsgeſchäft, welches ihn nach Jena geführt
hatte, ging zu ſeiner vollen Zufriedenheit von
Statten, wie man aus den Annalen erſehen kann.
Hinter den Backfiſchen wird man ſchwerlich irgend
eine Anſpielung zu ſuchen haben — ich nehme ſie
wörtlich als Produkte der Jenaer Gewäſſer, für
den Tiſch der „Kinder" in Weimar beſtimmt.

<hr />

6. An Dr. E. Weller in Jena.
1 Seite in 4.

Hiebey folgen die ſechs Holzquittungen zurück.

Haben Sie ja die Gefälligkeit, mein Wertheſter,
mich die Geneſung des guten Bibliothekars [1] bal-
digſt wiſſen zu laſſen, ich nehme den aufrichtigſten
Theil daran. Auch ſoll es mir ſehr angenehm
ſeyn wenn die Tagebücher bald einlangen.

<hr />

[1] Hofrath K. Göttling, Bibliothekar in Jena, der-
ſelbe, welcher Goethe's Werke, die „vollſtändige Ausgabe
letzter Hand", Band für Band vor der Drucklegung
durchging, und von dem wir auch ein Gutachten über
die Helena, die Goethe ihm im Manuſcript überſendet
hatte, beſitzen. S. Goethe an Boiſſerée, 3. Nov. 1826.
Sulpiz Boiſſerée II, p. 448.

Wenn unfer gnädigfter Herr an der Jenaifchen Bibliothek Gefallen finden, foll es mich fehr erfreuen; ich bin überzeugt, daß Sie das Mögliche dazu beytragen werden.

Ihnen und den lieben Ihrigen das befte wünfchend

Weimar d. 24. Febr. 1830.　　　　ergebenft

J. W. Goethe.

7.

1 Seite in 8.

Beym Aufräumen find ich heute Beykommendes, welches aufzuheben Ihnen vielleicht nicht unangenehm ift. Ich fende folches mit den beften Wünfchen zu Ihrer Genefung.

Weimar d. 27. Febr. 1831.　　　　treulichft

Goethe.

8. Stammbuchblatt.

Was der August nicht thut
Macht der September gut.

Wiesbaden
d. 1. Sept.
1814.

Goethe.

~~~~~~~~

9. Gelegenheitsgedicht.

1 Seite in 4.

Wage der gewandte Stehler
Bündniss mit dem pfiffigen Hehler,
Biss ihn die Justiz erreicht!
Rühmen wir den kühnen Retter!
Er beseligt manchen Vetter,
Wenn er seinen Fund vertheilt.

Also heiss ich euch willkommen,
Papst, Messias, Einlasszeichen,
Hat's der Retter sondergleichen
Doch dem Untergang entnommen.

Schmackhaft sey Dir Glas und Schüssel!

Oeffnet auch der Heiden-Schlüssel

Nicht die Thür' zu Himmelsreichen.

Weimar d. 4. Nov.
1828.   ein dankbarer

                              Vetter.

Zeile 3. statt erreicht zu lesen ereilt.

Meine Forschungen nach dem Vorfall, dem dieses gänzlich unbekannte Gedicht Goethe's sein Entstehen verdankt, sind bisher resultatlos geblie= ben, daher enthalte ich mich aller Vermuthungen über die Bedeutung desselben, so viele ihrer zur Erklärung des räthselhaften Inhaltes sich auch herbeidrängen. Das Gedicht ist in Goethe's bester Hand, augenscheinlich mit besonderer Sorgfalt, auf gelbes Glacéepapier geschrieben, dessen Rückseite weiß ist. Das Blatt hat den Charakter eines Vorsetzblattes, wie sie auch noch heute für Ein= bände verwendet werden. Die an anderer Stelle von mir ausgedrückte Vermuthung, das Gedicht könne an Dr. David Melber, Goethe's Vetter, ge= richtet sein, muß ich hier zurücknehmen, da letz= terer bereits 1824 gestorben ist.

Nach einer Abschrift, die Herr G. Weißstein von diesem Gedicht und von einem der vorstehenden

Briefe Goethe's (Nr. 5) genommen hat, bevor diese Stücke in meinem Besitz waren, hat derselbe einen Abdruck beider veranstaltet, der jedoch, in geringer Anzahl abgezogen, nur wenigen Verehrern des Dichters bekannt geworden ist. In diesem Abdruck lautet das letzte Wort des Gedichtes „Himmels= reihen", während die Handschrift deutlich „Himmels= reichen" hat, wie Reim und Sinn erfordern.

Immanuel Kant

An Friedrich Heinrich Jacobi.

3 Seiten in 4.

Von Jacobi's Hand: Immanuel Kant. Königsberg d. 30ten August 1789, e. b. 10ten Sept. beantw. b. 16. November, abgegangen d. 20ten.)

Wohlgebohrner

Hochzuverehrender Herr

Das mir vom Herren Grafen von Windisch-Graetz [1]) zugedachte Geschenk mit seinen philof. Schriften, ist mir, durch Ew. Wohlgeb. gütige Vermittelung und des Hrn. Geh. Commerc: R. Fischer Bestellung, richtig zu Handen gekommen, wie ich denn auch die erste Ausgabe der Histoire

---

[1]) Joseph N. Graf v. Windisch-Grätz, Verfasser verschiebener philof. Schriften, die von 1787 bis 1790, theils in deutscher, theils in französischer Sprache in Nürnberg und Straßburg erschienen.

Metaphysique etc. durch den Buchhändler Sixt [1]) zu seiner Zeit richtig erhalten habe.

Ich bitte diesem Herren gelegentlich meinen ergebensten Dank, zugleich aber auch die größte Hochachtung für sein Talent als Philosoph, in Verbindung mit der edelsten Denkungsart eines Weltbürgers, zu versichern. — In der letzgenanten Schrift ist es mir erfreulich, den Hrn Grafen, von selbst und zu gleicher Zeit, was ich auf eine schul= gerechte Art zu bewirken suchte, mit der Klarheit und Annehmlichkeit des Vortrages, die den Mann von der großen Welt auszeichnet, bearbeiten zu sehen; nämlich die eblere Triebfedern in der menschl. Natur, die so lange mit den physischen vermischt, oder gar verwechselt, die Wirkung gar nicht ge= habt haben, die man von ihnen mit Recht er= warten kan, in ihrer Reinigkeit herzustellen und in Spiel zu setzen; eine Unternehmung, die ich mit der größten Sehnsucht vollendet zu sehen wünsche, da sie offenbar mit den beyden anderen Schriften (der von geheimen Gesellsch. und der von

---

[1]) In Nürnberg.

der freywilligen Abänderung der Constitution in
Monarchieen) in einem System zusammenhängt
und die letztere, zum Theil als wundersam ein=
getroffene Warsagung, zum Theil als weiser Rath
für Despoten, in der jetzigen Crisis von Europa
von großer Wirkung seyn muß. — Noch hat kein
Staatsmann so hoch hinauf die Principien zur
Kunst Menschen zu regiren gesucht, oder auch nur
zu suchen verstanden. Aber darum haben auch
alle ihre Vorschläge nicht einmal Überzeugung, viel
weniger Wirkung hervorgebracht.

Für Ew: Wohlgeb. schönes mir zugeschicktes
Werk: über die Lehre des Spinoza, neueste Aus=
gabe, sage gleichfals den ergebensten Dank. Sie
haben sich dadurch das Verdienst erworben, zuerst,
die Schwierigkeiten in ihrer größten Klarheit dar=
zustellen, welche den teleologischen Weg zur Theo=
logie umgeben und vermuthlich Spinozen zu seinem
System vermocht haben. Mit raschen Schritten
auf Unternehmungen zu einem großen, aber weit
entferneten Ziel, ausgehen, ist der gründlichen Ein=
sicht zu aller Zeit nachtheilig gewesen. Der die
Klippen zeigt, hat sie darum doch nicht hingestellt

und ob er gleich gar die Unmöglichkeit behauptet, zwischen denselben mit vollen Seegeln (des Dogmatismus) durchzukommen, so hat er darum doch nicht alle Möglichkeit einer glücklichen Durchfarth abgeläugnet. Ich finde nicht daß Sie hiezu den Compas der Vernunft unnöthig, oder gar irreleitend zu seyn, urtheilen. Etwas, was über die [1]) Speculation hinzukommt, aber doch immer in ihr, der Vernunft, selbst liegt und was wir zwar (mit dem Nahmen der Freyheit, einem übersinnlichen Vermögen [2]) der Caussalität in uns,) zu benennen, aber nicht zu begreifen wissen, ist das nothwendige Ergänzungsstück derselben. Ob nun Vernunft, um zu diesem Begriffe des Theis= mus zu gelangen, nur durch Etwas, was allein Geschichte lehrt, aber nur durch eine uns uner= forschliche übernatürliche innere Einwirkung, habe erweckt werden können, ist eine Frage, welche blos eine Nebensache, nämlich das Entstehen und Aufkommen dieser Idee, betrift. Denn man kan eben sowohl einräumen, daß, wenn das Evange=

---

[1]) „ihre" durchstrichen.
[2]) „Grunde" durchstrichen.

lium die allgemeine sittliche Gesetze in ihrer ganzen Reinigkeit nicht vorher gelehrt hätte, die Vernunft bis jetzt sie nicht in solcher Vollkommenheit würde eingesehen haben, obgleich, d a s i e e i n m a l d a s i n d, man einen jeden von ihrer Richtigkeit und Gültigkeit (anjetzt) durch die bloße Vernunft über= zeugen kan. — Den S y n c r e t i s m des Spino= zißms mit dem Deißm in H e r d e r s Gott haben Sie aufs gründlichste wiederlegt. Überhaupt liegt aller Syncretisterey gemeiniglich Mangel an Auf= richtigkeit zum Grunde, Eine Gemüthseigenschaft die diesem großen Künstler von Blendwerken, (die, wie durch eine Zauberlaterne, Wunderdinge eine[1]) Augen= blicke lang vorstellig machen, bald darauf aber auf immer verschwinden, indeßen daß sie doch bey Un= wißenden eine Bewunderung hinterlaßen, daß etwas außerordentliches darhinter stecken müße, welches sie nur nicht haschen können) besonders eigen ist.

Ich habe es jederzeit für Pflicht gehalten, Män= nern von Talent, Wissenschaft und Rechtschaffen= heit mit Achtung zu begegnen, so weit wir auch in Meynungen auseinander seyn möchten. Aus

---

[1]) einige?

diesem Gesichtspuncte werden Sie auch meinen
Aufsatz in der Berl: M. S. [1]) über das sich
Orientiren, beurtheilen; zu der mich die Auffo-
derung von verschiedenen Orten, mich vom Ver=
dacht des Spinozismus zu reinigen, wieder meine
Neigung genöthigt hat, und worinn Sie, wie ich
hoffe, auch keine Spuhr einer Abweichung von
jenem Grundsatze antreffen werden. Andere Aus=
fälle auf Ihre und einiger Ihrer Würdigen Freunde
Behauptungen habe ich jederzeit mit innerem
Schmerz wargenommen und auch dawieder Vor=
stellungen gethan. Ich weiß aber nicht, wie an
sich guten und auch verständigen Männern ofters
der Kopf gestellt ist, daß sie ein Verdienst darinn
setzen, was, wenn es gegen sie geschähe, ihnen
höchstunbillig dünken würde. — Doch das wahre
Verdienst kan durch solche auf dasselbe geworfene
Schatten an seinem selbstleuchtenden Glanze nichts
verlieren und wird dennoch nicht verkannt werden.

Unser Hamann hat, vornehmlich in der

---

[1]) Berlinische Monatsschrift, herausg. von Gedicke und
Biester, 1783—1796; von 1799 an durch Biester allein
fortgesetzt.

Abſicht, um ſeine mannigfaltige erworbene Kennt=
niße durch den Verſuch ſie anderen vorzutragen in
Ordnung und Zuſammenhang zu bringen, eine
Hofmeiſterſtelle bey dem Grafen v. Keyserling in
Curland angenommen, wo es ihm auch ſehr wohl
gefällt. Er iſt eine gute ehrliche Seele, denkt ſich
dem Schulweſen zu widmen und, da er in kurzer
Zeit Vater und Mutter verlohren hat, ſeinem ver=
wayſeten Geſchwiſter in ſeinem Vaterlande dereinſt
Hülfe zu leiſten.

Ich wünſche daß Ew: Wohlgeb. mit fröhlichem
Gemüth in guter Geſundheit Ihrer Lieblings=
beſchäftigung, der edelſten unter allen, nämlich
dem Nachdenken über die erſte Principien deßen,
worauf allgemeines Menſchenwohl beruht, noch
lange Jahre nachzuhängen vom Schickſal begünſtigt
werden mögen und bin übrigens mit der vorzüg=
lichſten Hochachtung

Ew: Wohlgeb.

gauz ergebenſter Diener

Koenigsberg
d. 30ſten August
1789.

I. Kant.

7*

Jean Paul

An Friedrich Heinrich Jacobi.

3 Seiten in 8.

Eilig.   Bair. d. 3. Sept. [1]) 1817.

(Von Jacobi's Hand: e. d. 13ten Sept.)

Mein geliebter Heinrich! Der Überbringer dies. ist der auch um das Griechische u. Lateinische meines Sohnes so verdiente Professor Wagner. Er arbeitet an einer Geschichte der Philosophie, worin eine Widerlegung des letzten philosophischen Trium= virats vorkommt. [2])

— Aber ich eile zu Dir! Wie oft mußt ich Deiner in u. außer mir gedenken bei Deinem prachtvollen Sohne in Mainz, der Deiner so wür= dig ist so wie seine Frau seiner! Verjüngende

---

[1]) 4. Aug. durchstrichen.
[2]) Ist nicht erschienen.

Tage hab' ich überall am Rheine durchlebt; u. er wird mich wol künfftiges Jahr wieder weg=schwemmen u. weiter ziehen. Dann genieß' ich das herrliche Paar länger und wohne vielleicht unter beßen Dache.

Neeb in seiner Pachter=Inkrustierung wird Dir schwerlich mehr gefallen als mir oder ich ihm. Seine neuern Schriften[1]) gefallen mir — den Spaß abgerechnet — beßer, ob sie gleich der Tiefe der ältern ermangeln.

Dein dritter Band[2]) — den leider der Teufels Buchhändler noch nicht geschickt — war meine erste Lektüre in Heidelb. Ich entsinne mich — nach zweimaligem Lesen — weiter nichts als meiner Beistimmung u. Bewunderung; jedoch wenn ich ihn wieder habe, kann ich ins Einzelne gehen. Hegel ist Dir viel näher gekommen, nur Einen Punkt über b. Willen abgerechnet.

---

[1]) Joh. Neeb, vermischte Schriften, 3 Thle. Frankf. a. M. 1817—21.

[2]) Fr. Heinr. Jacobi's Werke (6 Bde.), Bd. 3: Ja=cobi an Fichte; Ueber d. Unternehmen des Kriticismus, die Vernunft zu Verstande zu bringen; Ueber eine Weis=sagung Lichtenberg's; Von den göttlichen Dingen, ꝛc.

Verzeih diesen magern bloßen Gelegenheitsbrief.
Lasse Dir den Überbringer einen Sporn zu einer
Antwort sein. —

Wenn Deine Augen kalmierend (mit der flachen
Hand) u. Dein Kopf potenzierend mit den Finger=
spitzen u. der ganze Körper à grands courants
magnetisiert würde: so müßtest Du Besserung ge=
winnen obwol nicht sogleich spüren. B[ei] Fällen
wie Deiner bleibt die [Wirkung] oft Monate lang
aus; kommt a[ber ent]schieden. Glaube mir u.
Scher.. u. allen, die es noch besser verstehen ...
4 Wochen lang magnetisierte ich z. B. eine Frau
die [seit] [1]) Jahrzehenden gräßliche Kopfschmerzen
litt, u. vermochte nur wenig u. nur augenblicklich
ein Weniges — seit meiner außsetzenden Abreise
keimte doch die Besserung heraus.

Wenn ich Dich wiederspräche, mein Geliebter:
würd' ich Dir besser und artiger erscheinen als in
Hberg. Auch Trost würd' ich bei Dir gegen das
marternde Gefühl, wogegen das Gefühl der Sterb=
lichkeit nichts ist, abholen, daß alles Dasein nur

---

[1]) Die in eckigen Klammern befindlichen und die punk=
tirten Stellen sind im Original beschädigt.

in Terzien erscheint u. so immer vertröpfelt u.
so alles hinter mir nur ein Punkt wird u. daß
so meine ganze Endlichkeit aus einem solchen
Punkte Leben bestehen soll, was durchaus nicht
sein kann, denn der Teufel muß künftig die Zeit
holen. Jetzo aber steh' ich nicht auf dem Leben,
sondern schwebe nur auf ihm und verschwebe —
ich rede vom Ich der Freude, nicht vom Ich des
Herzens u. der Vernunft. Auch hier wandelt die
ganze absolute Ewigkeit durch eine erbärmliche
endvolle Zeitlichkeit.

Deine Deinigen seien innig von mir gegrüßt,
aber schreibe mir Geliebter.

Richter.

Adresse:

Herrn Geheimerath u. Präsident Friedr. Jacobi

T. Güte des
H. Profess.
Wagner.

München

Pierer'sche Hofbuchdruckerei. Stephan Geibel & Co. in Altenburg.